ŒUVRES

DE

SAINT-SIMON & D'ENFANTIN

XI

Imprimerie L. TOINON et Cᵉ, à Saint-Germain

ŒUVRES

DE

SAINT-SIMON & D'ENFANTIN

PUBLIÉES PAR LES MEMBRES DU CONSEIL

INSTITUÉ PAR ENFANTIN

POUR L'EXÉCUTION DE SES DERNIÈRES VOLONTÉS

ET

PRÉCÉDÉES DE DEUX

NOTICES HISTORIQUES

ONZIÈME VOLUME

PARIS

E. DENTU, ÉDITEUR

LIBRAIRE DE LA SOCIÉTÉ DES GENS DE LETTRES

PALAIS-ROYAL, 17 ET 19, GALERIE D'ORLÉANS

1867

NOTICES
HISTORIQUES

II

ENFANTIN

(SUITE)

XXXV

(1840)

(Janvier-Février.)

Membre de la commission scientifique de l'Algérie, Enfantin s'était préoccupé tout d'abord, comme en Égypte, de la question capitale de l'instruction publique. Mais il ne connaissait pas encore l'objet spécial des études et des travaux du groupe de savants dans lequel il avait été admis.

« La plus grande partie des membres de la commission est ici, écrivait-il à ses amis de Lyon, dans les premiers jours de janvier; mais Malborough Bory n'arrive pas, ce qui fait que chacun flâne à ravir. — Je suis toujours à l'auberge (hôtel du Nord), et ne songe pas à m'établir autrement, tant que nous ne saurons pas ce que Bory, et surtout le maréchal, voudront faire de nous. J'ai trouvé ici Don, l'ingénieur des ponts, et Jourdan, que j'avais autrefois adressé à Barrault, pour lui annoncer le voyage d'Égypte; plus un capitaine d'artillerie, ancien camarade d'école de Baccuet; voilà toutes les connaissances que j'ai trouvées ici. — Urbain est à Constantine, enchanté de son voyage avec le duc d'Orléans, qui a, de son côté, été très-gracieux pour lui, et a remercié le chef d'état-major (de qui je le tiens) de le lui avoir donné...

» Je tiens à avoir assez régulièrement mon petit bulletin politique d'Arlès, *avec indication, de temps à autre, de ce que font les hommes qu'il sait m'intéresser particulièrement.* Nous ne lisons ici les journaux que par huitaine, ce qui me va assez bien; et cela m'ira mieux encore quand j'aurai le petit résumé politique d'Arlès, parce que cela m'évitera à peu près de les lire. »

Cette lettre était du 5 janvier. Le 9, Enfantin écrivait directement à Arlès, pour lui faire part d'une lettre de Saint-Cyr Nugues, dans laquelle le général rapportait une conversation qu'il avait eue avec le duc d'Orléans, et dont Enfantin reproduisait ainsi le commencement :

« J'ai vu le prince, je l'ai remercié de l'intérêt qu'il avait bien voulu mettre à savoir les détails de ma chute en route [1], et à s'informer de ma santé dans son passage à Lyon. Je lui ai parlé d'Arlès, dont il a gardé le souvenir, et dont la conversation l'a intéressé, comme celle d'un homme éclairé qui peut être utile. Je lui ai parlé de toi, et l'ai trouvé dans de bonnes dispositions... »

Le président de la commission scientifique, Bory-Saint-Vincent, était arrivé le 8 janvier à Alger. Le 10, Enfantin, continuant sa lettre du 9 à Arlès, s'exprimait ainsi.

« C'est au café que j'ai trouvé et salué notre président ; ceci peut paraître symbolique. — C'est un petit homme à l'œil vif, parole gasconne, cheveux gris, soixante ans, n'en paraissant pas plus de cinquante. — Il a encore amené avec lui deux

1. Le général Saint-Cyr, se rendant de Curzon à Paris, avait eu sa voiture renversée dans les environs de Bourg-Argental où il séjourna quelque temps pour guérir ses blessures. A la nouvelle de cet accident, Enfantin s'était empressé de se rendre auprès de son cher parent, qu'il avait soigné pendant son séjour forcé dans les montagnes du Forez.

de nos collègues, ce qui fait que nous sommes presque au complet. Avec quelques membres adjoints, nous serons près de vingt-cinq à trente; c'est un beau peloton.

» J'ai dîné hier chez l'ingénieur en chef des ponts, Poirel, ami de d'Eichthal, où j'ai trouvé plusieurs personnes bonnes à connaître : Antonini, médecin en chef, ami du capitaine Lefranc, très-aimé et estimé ici; M. Lepescheux, directeur de l'instruction publique en Algérie; M. Aimé, l'un de nos collègues que je ne connaissais pas encore, et qui est chargé des observations astronomiques et météorologiques; un capitaine du génie et un capitaine d'état-major; enfin, réunion scientifique, qui s'est terminée par de la musique.

» J'ai passé toute cette semaine en courses intérieures et extérieures, de manière à bien connaître mon Alger. En rentrant, je lisais les livres que j'ai sur l'Algérie, ce qui fait que je commence à être du pays. »

Pour se dispenser de lire assidûment les journaux, sans cesser d'être tenu au courant des affaires publiques de France et d'Europe, Enfantin insistait auprès d'Arlès pour avoir de lui un résumé des nouvelles du jour.

« Je vous demandais un petit bulletin politique,

lui écrivait-il le 25 janvier, et vous me renvoyez ma demande, parce que sans doute c'est la question d'Orient, la grande question [1], ma question chérie, dont il s'agit; je vais vous répondre en forme d'apologue, en vous disant ce que moi, qui ne suis ni député ni ministre, j'ai cru devoir faire pour elle dernièrement; vous en conclurez ce que je voudrais voir faire aux députés, publicistes, ministres, ambassadeurs, etc.

» . . . . . J'ai envoyé dernièrement à Saint-Cyr une note basée sur l'idée suivante :

» *Tant que des* MUSULMANS *ne voudront et ne sauront pas explorer scientifiquement l'Afrique, elle sera inabordable aux Européens et inconnue à la science.*

» Première conséquence : L'Égypte est le lieu où il y a le plus de musulmans qui aient un peu repris goût à la science; c'est le point d'Afrique qui est le mieux placé pour commencer des expéditions, puisque l'Égypte borde l'Afrique dans une très-grande longueur, et qu'elle sert de passage à tous les musulmans africains qui vont à la Mecque.

1. Après plus d'un quart de siècle écoulé, la question d'Orient est encore et plus que jamais LA GRANDE QUESTION, celle qui est le plus près de remuer profondément l'Europe et le monde.

» Deuxième conséquence : Il y a en Égypte un nombre assez considérable d'Européens, et surtout de Français, à la tête des établissements d'instruction ou d'industrie, ou dans les armées de terre et de mer, prêts à favoriser ou faciliter dans les musulmans ce goût de la science et de ses découvertes, et qui sont pour ainsi dire, avec les jeunes Égyptiens élevés en France, le germe déposé sur les rives du Nil par le grand institut d'Égypte de Napoléon.

» Troisième et dernière conséquence : Il faut que la France, par son influence, fasse éclore ce germe, et pour cela qu'elle provoque :

» La formation d'un institut égyptien, national, en majorité ou presque totalité musulman, avec chrétiens adjoints ;

» L'envoi par l'académie des sciences de France, le Jardin des Plantes, l'École des Mines, de collections, avec proposition d'échanges pour l'avenir, et, de plus, les hommes chargés de la mise en ordre de ces matériaux de la science, et une collection des livres intéressant l'Afrique.

» Voici le genre d'influence que je voudrais voir exercer par la France en Égypte ; qu'elle fasse quelque chose d'analogue à Constantinople, et moi, membre d'une *commission scientifique* d'Afrique, je croirai avoir rempli ma tâche, *en cette qualité*, dans la question orientale. Je suis très-loin de dire et de penser qu'un député et un ministre aient fait assez, en leur qualité de député et de ministre, en ne faisant que ça ; mais je suis convaincu que là est le principe, et que pour *rejoindre deux mondes*, comme dit fort bien M. de Lamartine, il n'est pas nécessaire aujourd'hui de les conquérir, comme nous avons conquis notre boulet d'Alger, et de détrôner des races, comme la race turque, ou des pachas, comme Méhémet-Ali. La politique du ministère est la plus nette de toutes, quoique purement négative et un peu à côté de la question. Il s'agit bien, en effet, d'*empêcher* que la Russie ait une influence *exclusive* à Constantinople, et l'Angleterre une influence exclusive à Alexandrie, puisqu'il faut que la France ait aussi la sienne; mais on ne s'inquiéterait pas tant d'*empêcher* les autres d'exercer leur influence, si l'on savait soi-même quelle est celle qu'on doit exercer. Opposons-nous au monopole russe ou anglais, c'est fort bien; mais n'oublions pas que nous avons, nous aussi, une tendance au monopole *intellectuel* et *moral*, que les autres peuvent craindre, et qui est notre commerce, notre partie. Que les musulmans de Constantinople continuent à apprendre le français, les mathématiques, qu'ils aient nos théâtres, nos plaisirs sous les yeux, qu'ils boivent même du vin et ne prennent plus qu'une femme, comme la plupart le font aujourd'hui, et ils seront bientôt à nous, mille fois plus que si nous avions garnison au Caire, à Smyrne et à Scutari, et mille fois plus à nous qu'aux Anglais et aux Russes. Tout ceci, je le sais, ne s'obtiendra que si nous paraissons forts ; car c'est le souvenir du fort des forts, du géant des Pyramides et de Sainte-Hélène, qui nous a mis en Orient sur le pied où nous y sommes ; c'est lui qui vit au cœur du vieux Méhémet-Ali, né la même année que Napoléon ; c'est lui qui, pour les vieux diplomates de la Porte, est encore le maître de l'Europe.

» En résumé, selon moi, un chanteur, un danseur, un acteur français à Constantinople vaut mieux qu'une compagnie de pioupious ; *gagner du temps,* pour la question dite politique, question insoluble dans les termes où tout le monde la pose, est donc beaucoup, si durant ce temps on emploie mille moyens d'influence qui ne sont pas réputés politiques et qui sont pourtant les seuls qui *rejoignent* les peuples, moyens de rejonction ou de *religion,* ce qui est la même chose. Il n'y a pas un seul de ces moyens qui coûte autant qu'un vaisseau ou un régiment. Mais faites donc entendre cela aux chambres, direz-vous? — Oh! pour cela, vous avez raison, mais aussi qui donc compte sur les chambres pour entendre quelque chose?

» Lamartine est le seul qui fasse quelques trouées au nuage lourd qui s'élève à l'horizon, et il leur montre, à travers, le ciel (il est vrai, un ciel trop sillonné d'éclairs et bruyant de tonnerre); ils l'appellent rêveur! et ils ont ma foi raison, c'est rêver de vouloir faire voir des aveugles, surtout avec des éclairs et la foudre, et je maintiens que M. de Lamartine a le double tort de parler à des aveugles comme à des *voyants*. Qu'il songe donc qu'il n'y a pas un seul petit poëte à la Chambre, sauf Fulchiron! et que Viennet lui-même n'en est plus!! Avocats et épiciers, qu'est-ce que ça peut savoir de l'Orient? M. T..... et M. V..... sont sans doute de bien habiles orateurs, mais ils sont si laids tous deux; comment pourraient-ils sentir le saint lieu du beau, du soleil, de la femme? J'en veux aussi à M. de Lamartine de présenter sa *rejonction* des deux mondes comme une espèce de conquête à la mode d'Alexandre le Grand, de glorieuse mémoire; c'est bien assez d'Alger, je le répète, et j'espère bien que c'est le dernier exemple du vieux procédé de civilisation. Mais je lui en veux surtout d'avoir grisé son auditoire, pour lui faire avaler sa pilule orientale, en lui versant force rasades de ce champagne patriotique du Rhin et des Alpes. Puisqu'il sait qu'on *l'accuse de se préoccuper trop des intérêts généraux de la civilisation pour un patriote,* il faut qu'il en prenne son parti et qu'il ne donne pas aux amoureux transis de la patrie et de la gloire le plaisir de les chatouiller à leur endroit sensible, qui est rance et fané.

» Mais je me hâte de faire amende honorable, car je m'aperçois que je fais comme tout le monde; voici plus de trois pages sur l'Orient, où je bavarde comme si nous n'avions qu'à *donner* à ces barbares de musulmans. Nous avons des sentiments si élevés, une raison si droite, des arts si nobles, si grandioses, qu'il semble, fats que nous sommes, que nous n'avons qu'à enseigner et rien à apprendre. C'est la thèse inverse que j'aimerais à voir soutenir à la Chambre par un Français un peu bédouin, un peu paysan, non du Danube, mais de l'Euphrate ou du Nil, ou bien un peu pacha; alors, comme un Abd-el-Kader ou un Méhémet-Ali arrangerait nos glorieux avocats et nos vaniteux épiciers, s'il parlait français comme Lamartine. Vous qui prenez en pitié ce que nous voyons et entendons en France, que diriez-vous si vous étiez Arabe? C'est drôle que cette pensée ne vienne pas de suite à un homme qui vit depuis plusieurs années dans la Chambre des députés, et qui a vu Constantinople, Smyrne et la Syrie; certainement il n'a pas rencontré un cheick du plus petit village qui n'ait plus de dignité personnelle, de tenue, d'aplomb, de calme, plus de goût sur sa personne, dans ses plaisirs d'ombre, de fraîcheur, de pipe, de harem, plus de noblesse enfin dans toutes ses manières et dans sa parole que tous nos sous-préfets, préfets, députés (députés surtout) et ministres. Les croisés ont voulu délivrer le tombeau du Dieu d'abstinence et de pauvreté, ils en ont rapporté le goût du luxe et des plaisirs; que rapporterons-nous d'Orient, nous apôtres de l'indépendance, de la liberté, de l'incrédulité? La réponse est facile. — P. ENFANTIN. »

Les préoccupations d'Enfantin, au sujet de la question d'Orient, ne l'empêchaient pas de se livrer activement à l'étude des questions algériennes. Le 1er février, il écrivait au général Saint-Cyr :

« J'ai continué à voir, et assez particulièrement, le directeur de l'instruction publique; M. Lepescheux doit me mettre au courant des causes probables de l'insuccès complet des efforts pour apprendre le français aux Maures et l'arabe aux Français, et des très-faibles résultats obtenus, et même à obtenir, pour la fondation en Algérie de colléges royaux calqués absolument sur ceux de France. Une grande partie des fautes commises tient certainement aux hésitations et changements de système et de personnes dans la direction des affaires de l'Algérie, mais plusieurs aussi tiennent à des obstacles que rencontrent tous commencements, et enfin quelques-unes à des résistances, à un mauvais vouloir qu'on n'a pas su trouver moyen de vaincre, et qui ne me semblent pas invincibles. Je désire que tu me dises si tu crois utile que je m'occupe spécialement de cette question, et que je t'adresse une note.

» J'ai continué aussi à étudier les condamnés militaires qui me semblent toujours l'un des corps les plus utiles à la colonie et qui peuvent donner lieu à beaucoup de réflexions dont on pourrait tirer parti en France, soit pour employer ici une masse de condamnés mal ou faiblement utilisés en France, soit pour modifier en France même le régime des prisons militaires et aussi celui des prisons civiles, où se trouvent des hommes punis pour des délits analogues à ceux des condamnés militaires. »

Mais après cette indication sommaire des études à faire, et des enseignements à tirer de l'état de l'Algérie, Enfantin était ramené par les événements d'Europe à sa question chérie :

« Les discussions de France sur la question d'Orient, disait-il, m'ont vivement intéressé. Il m'a semblé que le gouvernement s'en tirait avec habileté vis-à-vis des chambres, ce qui me faisait espérer la même habileté vis-à-vis des puissances étrangères; M. Thiers, en caressant l'Angleterre, a porté je crois à notre alliance avec elle, un coup aussi violent que celui qu'elle recevait des événements eux-mêmes, et s'il n'a pas favorisé, par réaction, une alliance avec la Russie (qui est peut-être aujourd'hui impossible), je crois qu'il aura donné à la France et à l'Autriche une commune conviction de l'indispensable nécessité d'un rapprochement sincère entre les deux puissances qui n'agissent pas uniquement en vue d'un sentiment égoïste, pour résister aux prétentions monopolisantes des deux autres grandes puissances. Or, comme je pense que l'Angleterre sera d'autant plus *véritablement* notre alliée que nous aurons besoin d'elle, je me réjouirais qu'une aussi grave circonstance donnât un intérêt commun à la France et à l'Autriche, intérêt noble et tout à fait digne de l'une et de l'autre, intérêt de pacification, de conservation, et en même temps de progrès pour tous, pour l'Orient comme pour l'Occident. Et cependant, comme on ne peut pas se dissimuler les conditions toutes physiques qui assurent une influence commerciale dominante de l'Angleterre en Égypte et une influence militaire et politique, également prédominante, de la Russie à Constantinople, il sera bien difficile à la France et à l'Autriche, tout en s'opposant très-légitimement aux désirs et aux efforts envahissants de la Russie et de l'Angleterre, de reconnaître, au moins de fait, cette prédominance inévitable du commerce anglais et de l'influence russe sur l'Égypte et la Turquie. Dans la crainte qu'ils ne deviennent tout, peut-être tentera-t-on de les empêcher d'être quelque chose, ou peut-être voudra-t-on essayer qu'ils ne soient pas plus que nous. Et cependant l'un sera toujours plus que nous *commercialement* en Égypte, et l'autre toujours plus que nous *militairement*, en Turquie bien entendu. Et ici un gouvernement parlementaire est un fameux obstacle à une transaction conforme aux données de la nature. Car si notre influence commerciale et militaire est et doit être inférieure à celle de l'Angleterre et de la Russie en Orient, nous avons sur ces contrées une influence bien autrement profonde et puissanteque celle du commerce et du canon. C'est *notre* langue que l'Orient apprend et non l'anglais ou le russe, ce sont *nos* sciences qu'on étudie dans *nos* livres, c'est notre caractère qu'on aime le mieux à Péra, à Smyrne, à Alexandrie, c'est nous, Français, qui nous sommes emparés des *esprits*. Mais malheureusement ceci ne se compte pas comme des millions d'écus ou des centaines de canons, et nos avocats crieront que nous sommes vendus à l'étranger, si, en nous ménageant la part qui nous est véritablement due, *l'influence sur les esprits*, nous abandonnons à ceux à qui elle revient leur large part d'influence sur les *choses*, quand bien même nous nous réserverions avec l'Autriche un contrôle et une part aussi, qui vaudraient bien, réunies, chacune des parts de nos deux grands adversaires. La France a dépensé cette année 10 millions pour cette question, la Russie et l'Angleterre au moins autant, l'Autriche un peu moins peut-être, et la Turquie et l'Égypte davantage; voilà donc 60 millions consacrés, en un an, à savoir si tous les navires seront libres d'entrer dans la mer Noire, si tous les peuples pourront aller aux Indes par Suez, et si le pachalick d'Égypte sera héréditaire. Or, je crois qu'avec cette somme on ferait le canal de Suez, une route de Constantinople à Téhéran, et que l'on aurait encore de quoi acheter à Ibrahim-Pacha son droit d'héritage. C'eût été un bon marché à proposer à toutes les puissances l'année dernière, et il est encore temps, car 1840 s'annonce comme devant coûter bien cher.

» Adieu, mon cher Saint-Cyr, je bavarde peut-être un peu trop, excuse-moi, je suis loin de tous ceux que j'aime. — P. ENFANTIN. »

1840 devait coûter cher, bien cher, en effet, au gouvernement, à la dynastie de 1830. Mais laissons venir les événements.

M. Thiers était alors à la veille d'être élevé à la présidence du conseil, et M. Guizot allait partir pour l'Angleterre en qualité d'ambassadeur.

Quelque chose de gros se préparait, pour la France, dans sa politique extérieure. Enfantin en avait le pressentiment. Il aurait voulu au pouvoir des hommes capables de bien comprendre la question d'Orient et d'agir en conséquence avec résolution. Il le disait, le 13 février, au général Saint-Cyr; il l'écrivait, le lendemain, à Arlès, en ces termes :

« M. Guizot ne peut pas aller à Londres sans que je vous dise un mot.

» Thiers a fait la cour à l'Angleterre, et c'est Guizot qui y va!.....

» Thiers a dit que les torys feraient ce que les wighs veulent, mais ne peuvent pas faire, à cause de leur parenté avec les radicaux et O'Connel. Et, d'un autre côté, Peel et Wellington viennent de faire éprouver un double échec à lord Palmerston. lequel lord sommeille. Il s'agit donc d'un mouvement de *bascule* en Angleterre, et par conséquent de mesures *libérales* à accomplir par des aristocrates, comme cela s'est toujours passé en Angleterre et partout. Quant à l'alliance anglo-française, vous savez que Guizot n'est pas *liant*, puisqu'il est éclectique; je crois donc que, pour le moment, cette alliance ne sera qu'un replâtrage mal joint, et seulement un rapprochement par les bords; en d'autres termes, l'Angleterre va avoir beaucoup à faire chez elle, et quoique Guizot y aille, c'est que la politique *européenne* ne sera, à Londres, que *théorique*, et *pratique* ailleurs. C'est Vienne, j'en suis convaincu plus que jamais, et non pas Londres, ou Pétersbourg, ou même Paris, qui doit être le point de mire des diplomates à vue longue et à main pratique, et je regrette bien que M. de Lamartine ait cru devoir s'enfermer, comme il l'a fait, dans la tribune. A une époque où l'illustration littéraire est presque un accompagnement obligé de l'illustration politique, il aurait été plus que le pendant de M. Guizot, si depuis quelques années il avait dirigé ses yeux sur l'ambassade de Vienne, où depuis longtemps je vous ai dit que se dénouerait et se dirigerait la grande question d'Orient. Aujourd'hui, M. de Lamartine s'est tant fait l'*orateur* d'une idée, d'un système sur l'Orient, qu'il s'est presque fermé cette voie pour entrer dans la politique *agissante*; c'est grand dommage, et j'espère bien qu'il sentira bientôt la nécessité de sortir de ce grugeoir à sel, à poivre et autres épices parlementaires, qui s'appelle la tribune, pour prendre rang dans la vraie armée politique. La presse et la tribune (c'est le génie et l'artillerie), ce sont des armes spéciales, dans lesquelles les généraux les plus distingués ne commandent pourtant jamais des armées, sauf le maréchal Valée; aussi voit-on toujours, sous son chapeau de maréchal, le bout d'oreille de l'artilleur.

» Je ne sais qui est à Vienne, en ce moment, mais c'est un beau poste. L'Autriche est de toutes les nations européennes, la mieux assise, celle qui a le moins d'embarras intérieurs, quoiqu'elle en ait, celle qui a le rôle le plus médiateur dans la question d'Orient. Elle et nous, nous occupons ou dominons toutes les côtes de la Méditerranée qui regardent l'Afrique, la Syrie et l'Asie Mineure. Malgré Gibraltar, Malte et Corfou, malgré la flotte russe de la mer Noire, nous serons toujours en définitive, elle et nous, les arbitres des affaires d'Égypte et de Turquie, et elle encore plus que nous, parce que sa position est plus centrale que la nôtre, et semble d'ailleurs moins directement intéressée.

» Je vous disais donc que M. Guizot allait être un poids de plus dans la balance des basculeurs politiques, et si, comme quelques-uns en parlent, M. de Broglie venait faire rentrer le maréchal Soult à la guerre, ce serait bien pis, nous irions presque jusqu'à la guerre avec l'Angleterre, et Wellington et Soult dégaineraient leurs vieilles rapières, mais *sans frapper*. Les Anglais auront en effet peine à se tirer de leurs difficultés intérieures, si leur gouvernement ne leur fait pas jeter leur bile au dehors. C'est une prise de caramel qu'il leur faut en ce moment, ce qui se traduira, en langage administratif, par un accroissement de leur armée de terre, pour faire meilleure police. Wellington ne pense pas comme M Maccaulay que l'agitation soit une fort bonne chose, et sur cela il est d'accord avec M. Guizot; en un mot, la soupape de sûreté a besoin de s'ouvrir, en ce moment, dans la machine anglaise, sous peine d'éclat très-violent qui ferait sauter en l'air, et par-dessus le détroit, O'Connel lui-même, et M. Maccaulay dont le dernier discours me paraît un coup de grâce porté à lord Palmerston pendant son sommeil.

» Quant à nous, nous traînerons assez tranquillement notre armée, grâce à Alger qui nous occupera agréablement à nous faire tuer quelques centaines d'hommes et à manger nos *millions*, et grâce aussi aux milles petites phases que présentera encore l'affaire d'Orient; mais gare à l'année prochaine où la patience publique sera lasse, et où elle voudra avoir une solution définitive sur Alger et sur l'Orient. C'est toujours ainsi, vous le savez, que les choses se passent chez nous; assez longue patience, puis explosion. Quand la France a dit à Napoléon, expliquez-vous, que voulez-vous? et qu'il a répondu; ton dernier enfant et ton dernier écu; Napoléon a été vaincu. Quand le comte d'Artois, en 1815, faisait dire de lui par son frère Louis XVIII, d'*Artois veut aller trop vite*, on les a mis tous à la porte; quand Charles X a, enfin, dit son mot sur la presse, les garçons imprimeurs l'ont envoyé promener. Enfin, quand on demandera positivement, l'année prochaine, que voulez-vous faire d'Alger? quand finissez-vous l'affaire de Constantinople? il faudra répondre net; j'espère qu'on sera en mesure, car il n'est pas possible d'engourdir plus longtemps la France sous la nullité des discours de la couronne. Le temps des atermoiements est fini. Est-ce le commencement du règne du duc d'Orléans que je présage ainsi? c'est possible. Mieux vaudrait, l'année prochaine, une pensée médiocre, un système de second ordre, et je crois que le duc d'Orléans peut mieux que cela; mieux que l'éclectisme politique qui est toujours entre les deux selles du *moi* et du *non moi*. Il a été fort utile et fort habile, mais il a fait son temps, et M. Guizot l'emporte avec lui hors de France, bon voyage! — P. ENFANTIN. »

Plus que jamais, Enfantin tenait à exercer ce qu'il avait appelé l'*apostolat royal,* l'apostolat aux princes et aux chefs des nations. C'était la conversion, le concours de la puissance politique qui tentait par-dessus tout son ambition religieuse. Il savait combien la société chrétienne, malgré son caractère exclusivement spirituel, avait été secondée dans sa propagation, par la profession de foi des Constantin et des Clovis. « Ne nous le dissimulons pas, écrivait-il d'Alger à Arlès, le 28 février, les grandes choses que nous avons à faire les uns et les autres nous donneront peut-être des millions; mais ce n'est pas par les millions que nous parviendrons aux grandes choses. Vous seriez aujourd'hui le plus riche Lyonnais, que je vous défierais de faire autre chose de plus grand que de chercher à convertir le prince (le duc d'Orléans) et même La martine. Lamartine! mais vous auriez beau acheter une trompette d'or un million, elle ne sonnerait pas mieux et plus haut que la voix de cet homme. Et le prince ! Est-ce que vous croyez que je ne donnerais pas un million, si je l'avais, pour être sûr que je le trouverais disposé à m'aimer un peu comme vous m'aimez. Vous maintenir sûrement, solidement, dans une position qui vous permet d'inspirer confiance, estime, aux plus hautes puissances du monde, c'est tout ce qu'il vous faut. Dépouillez-vous de l'idée que plusieurs de nous avons eue qu'on peut faire quelque chose de grand sans gouverner ; on peut tout au plus *faire faire* ou inspirer le *désir de faire* à ceux qui seuls peuvent faire, voilà tout ; vous auriez toute la richesse de Rothschild qu'il vous faudrait employer encore cette voie *indirecte.* Songez donc que l'autre idée c'est du phalanstère, pas autre chose ; c'est faire un petit modèle en carton pour amuser des enfants, mais non pour abriter des hommes..... Dieu a merveilleusement préparé les choses pour nous, puisqu'il nous a fait naître à une époque où les princes eux-mêmes croient que nous sommes de la même espèce qu'eux, et où l'on peut les aborder et retrouver en eux presque des camarades de collége. Il a fallu des siècles au christianisme pour convertir un

Constantin : je le crois parbleu bien, Constantin lui-même n'était pas élève du Lycée d'Henri IV....

P. Enfantin. »

Cette lettre était suivie d'un post-scriptum qui constate la prodigieuse activité de l'esprit d'Enfantin dans la voie de l'apostolat politique exercé sur les grands; voici ces quelques lignes :

« Dites à Holstein que je ne lui écris pas aujourd'hui, je suis trop fatigué. Imaginez-vous que depuis hier j'ai écrit seize grandes pages à Saint-Cyr, et copié lesdites pages. C'est un travail pressé qu'il me demande pour faire suite au premier que je lui avais envoyé, et qui paraît suivre sa route. Le maréchal Soult en a été très-content; il est vrai qu'on ne lui a pas encore dit, comme au prince qui en a l'original, de qui cela était; peut-être même sera-ce le prince qui le lui apprendra, au grand étonnement sans doute dudit maréchal. — P. Enfantin. »

Lamartine qui avait appris qu'Enfantin s'occupait de lui dans sa correspondance, lui fit parvenir par Arlès un petit billet qui provoqua une réponse d'Enfantin directement adressée à Arlès et dans laquelle on lisait :

« Ce n'est pas du tout parce qu'il (Lamartine) n'a pas de places à donner qu'on repousse ses idées, mais c'est parce qu'on repousse ses idées qu'il n'a pas de places à donner, et qu'il n'en a pas pour lui-même. L'erreur tient à ce qu'il croit encore qu'être député est une place et que c'est sa place. Ce n'est une place pour personne, c'est tout au plus un lieu pour plusieurs, mais ce n'est surtout pas la place de M. de Lamartine; pour lui, ce ne peut être qu'un corridor ou un escalier, et les grands hommes ne se tiennent pas là. Autrefois il y avait l'Œil-de-Bœuf, aujourd'hui il y a la Chambre ou antichambre. On va y faire sa cour au pouvoir; fort bien! mais c'est pour le prendre et non pour le regarder passer. Racine, Corneille ou Molière allaient, il est vrai, le soir, le voir passer et ne songeaient pas à le prendre; mal en a pris à l'un d'eux pour lui avoir dit autre chose que poésie; mais aujourd'hui c'est trop de modestie que de se réduire à être tapissier du *Roi-parlement*, ou historiographe de la France constitutionnelle. Je vous l'ai déjà dit, M. de Lamartine orne, décore, illustre la Chambre; sans lui, il n'y aurait dans ce grand parloir pas l'ombre d'art, de poésie, d'idéal; mais ce n'est pas cela que M. de Lamartine a voulu lui-même en entrant à la Chambre, il n'en a pas voulu être le décorateur et le rapsode, il a fait deux parts de sa vie, et a prétendu laisser chez *lui* sa poésie et apporter chez *eux* sa politique; et c'est précisément parce qu'il a voulu se couper en deux, ce qui est impossible, que sa position n'est pas nette, et qu'il n'est plus poëte chez lui ni politique chez eux, parce que la vie de M. de Lamartine est et doit être celle du *politique-poëte* (cela ne fait qu'un nom, qu'une vie, qu'un homme), et que tous les grands hommes sont ainsi revêtus de ce double caractère, chez eux comme sur la place publique. Faire *Jocelyn* d'une part, et de l'autre remuer les destinées du grand monde à propos de l'Orient, c'est se condamner à faire de la politique dans Jocelyn et de la poésie à la Chambre. C'est la même œuvre qui appelle tout l'homme, c'est un seul Dieu qui le meut; le polythéisme ne va pas aux grandes âmes, elles ne supportent que le culte de *l'universel*, ou celui du plus idolâtre fétichisme.

» Tenez, jamais vers ne m'ont fait pleurer autant que cette sublime plainte du père désolé, en Syrie; et pourtant j'ai fermé violemment le *livre*, il m'a fait mal. J'aurais voulu que pour un siècle il fût scellé; que ce fût un testament du père, cacheté, enveloppé, avec ordre de ne l'ouvrir que sur sa cendre froide. Le *livre,* le *livre!* O poëtes! que vous êtes malheureux qu'il ne faille plus des siècles pour graver sur le marbre et l'airain vos passions, vos amours, votre vie! Les hommes! les hommes ne peuvent-ils pas attendre un peu ces grands élans de votre âme? Et vous, qui vous presse donc d'introduire la foule dans le mystère de votre vie? — Eh bien, la politique de Lamartine, ses plus nobles, ses plus grandes idées, les formes si élevées qu'il donne souvent à sa pensée, sa belle tête que je vois d'ici, son organe que j'entends, sa pose que j'admire, tout cela me fait mal à la *Chambre,* comme son admirable douleur m'a fait mal dans un *livre.* Presse et tribune, double voix du siècle, toutes deux indignes de prononcer le nom de Dieu, vous êtes toutes deux condamnées à une mort prochaine; soyez les marche-pieds du génie, et qu'il vous foule de sa parole, vous êtes condamnées.

» Parlons plus froidement. La réforme électorale (c'est encore un peu chaud) marche, elle est absurde de tous côtés, mais enfin tout le monde, sauf Dupin qui a dit, comme à l'ordinaire, ni oui ni non, convient qu'il y a *quelque chose à faire;* ceci est un grand mot dont je rends grâce au ministre de tous les innombrables cultes. La marmite représentative n'est donc pas loin d'être renversée, et comme dit Saint-Simon, l'omelette va se retourner. Nous ne sommes, en France, ni des réformateurs ni des réformés; nous aimons les habits neufs et au moindre trou nous ne voulons pas recoudre. La *réforme* électorale me paraît donc synonyme de *mise au rebut* du système électoral. C'est l'héritage que Louis-Philippe laissera au duc d'Orléans, comme les parlements ont été l'héritage de Louis XVI ; seulement Louis XVI, quoiqu'averti dit-on, par la parole de Louis XV lui-même, n'était pas préparé. Le duc d'Orléans *pourra* y être préparé ; là est pour moi le nœud de la politique française, et par contre-coup inévitable de la politique du monde. Et ne prenez pas cela pour une prophétie révolutionnaire, elle est bien évolutionnaire. Je dis que tous les hommes qui pressentent les destinées humaines doivent avoir les yeux fixés soit sur les *obstacles* les *plus grands*, soit sur les aides les *plus utiles ;* or dans les moments décisifs, ces obstacles ou ces aides se rencontrent très-près de la scène ; sans doute Napoléon était loin du trône impérial quand Louis XVI était sur l'échafaud, mais il en était près au 18 brumaire, et à cette dernière époque, Louis-Philippe était loin de songer à modifier par le juste-milieu le gouvernement de la branche aînée, mais il en était bien près en 1830 ; déjà en 1820, et même en 1815, il était en vue. Aujourd'hui le duc d'Orléans ou Henri V, ou bien la république ; il faut choisir et ne pas rester entre trois selles ; le temps presse. Avec Henri V ou la république, révolution certaine, avec le duc d'Orléans, évolution possible ; et je m'explique sur ces deux mots : la révolution républicaine n'a qu'un effet, détruire ; la révolution carliste en aurait deux, détruire et essayer encore du *vieux ;* l'évolution à faire consiste bien à enfoncer la tribune et la presse, mais pour en faire du *neuf,* le commencer, en montrer le désir. Je défie qu'on cite parmi les hommes *en vue* un seul qui s'annonce plus désireux d'adopter des idées neuves en politique que le duc d'Orléans. Et cela précisément parce que sa position le met en dehors à peu près de ce qu'on nomme la politique, et aussi haut que possible au-dessus d'elle, de manière à sentir tous les vices de cette politique actuelle. Je n'ai jamais entendu parler des affinités de M. Thiers, de M. Guizot, ni de M. Molé lui-même, ni de Montalivet envers le duc d'Orléans, c'est une preuve pour moi que tous ces hommes n'ont pas la vie plus longue que Louis-Philippe, si même celui-ci ne les enterre pas tous. Le premier homme politique qui sera signalé comme l'homme du duc d'Orléans me paraîtra s'être assuré l'avenir, et celui qui cherchera à être l'enfant chéri de la presse ou le coryphée de la tribune me paraîtra légèrement voltigeur du passé. Je sais bien que le bon peuple dirait, si je lui lançais ces rêveries à la face : mais vous ne parlez que de quelques hommes, que d'un homme, vous faites rouler toute l'humanité sur un seul homme; moi, peuple, ne suis-je donc rien? — Bon peuple, répondrais-je, vous avez été maître assez longtemps et vous ne savez que faire de votre multiple royauté. — *Organiser l'atelier*, voilà ce que le duc d'Orléans *peut commencer*, voilà ce qu'il commencera, j'espère, si Dieu nous prête vie, à vous et à moi; j'espère bien pouvoir dire aussi, et à Lamartine. Assez de politique intérieure. Je vous ai dit dans mes trois précédentes lettres tout ce que je pensais de la politique orientale, ainsi me voilà au bout de mon rouleau et je vous serre la main de tout mon cœur. — Mille compliments et amitiés à M. Rivet, je vous prie. — P. ENFANTIN. »

Post-scriptum à la lettre précédente.

« Voici une lettre politique à laquelle je conçois une double fin, si vous ne la montrez qu'à deux personnes, et si chacune d'elles peut croire que l'autre n'en a pas connaissance. Comme je l'ai lâchée exprès, sans corrections et au bout de la plume, afin qu'elle paraisse faite uniquement pour notre intimité, on m'y passera quelques vérités dures qui n'en sont pas moins des vérités, en faveur des vérités douces qui s'y trouvent. Ne la montrez pas à M..., cette lettre a un but purement individuel; et que vous la montriez ou ne la montriez pas aux deux personnes, elle se résume à peu près dans votre phrase, qu'elle tend à réaliser : *Cet homme sera un jour ministre des relations extérieures ;* phrase qui n'est peut-être pas parfaitement exacte, parce que dans le temps où Lamartine fera de la vraie politique, il fera aussi de la vraie poésie, c'est-à-dire qu'il devra *inspirer directement* les chefs des peuples et non par correspondance ou par l'intermédiaire de leurs ambassadeurs. Je me le figure mieux près de la reine Victoria, ou près du grand duc de Russie ou de Nicolas, ou bien à Rome qui sera alors dure à digérer, ou à Vienne pour en finir avec Henri V, ou à Constantinople pour y faire concorder le Coran et l'Évangile, qu'entouré dans son cabinet à Paris, des diplomates d'Europe venant y faire leur éducation près de lui; mais c'est égal, quoi qu'il arrive, le duc d'Orléans dût-il mourir demain d'une fluxion de poitrine, ou d'une balle arabe ou même d'un poignard fançais, je dis qu'aujourd'hui on fait bien de lui témoigner qu'on a espoir en lui si Dieu lui prête vie, et que c'est la meilleure disposition d'esprit et position de corps pour découvrir et faire ce qui doit être fait en ce moment. Fonder son espoir sur la tribune comme les Guizot et Thiers ; sur Louis-Philippe, comme les ventrus; sur la Presse, comme les Garnier-

Pagès; sur Henri V, comme les ultras, c'est s'appuyer sur des planches usées, fusées ou même pourries; c'est vous dire que je n'adopte pas du tout l'idée de *publier* quoi que ce soit. Je suis une taupe en ce moment, je suis sous terre et dois y rester, je dois me borner à faire en sorte qu'un très-petit nombre d'individus tout à fait hors ligne sachent que je ne suis pas mort dans mon trou et que ma terre m'est assez légère pour pouvoir la secouer très-vite au besoin.

» Vous demandez ce que Guizot va faire à Londres; je crois vous l'avoir très-nettement dit le jour même où vous me faisiez cette question, le 13 février, et je vous recommande particulièrement cette lettre qui prépare très-bien à écouter celle d'aujourd'hui. Quant à celle-ci, faites bien remarquer, en commençant et finissant la lecture, combien elle est confidentielle et vrai bavardage d'ami. Il est possible qu'en lisant très-attentivement ma lettre, vous y trouviez quelques mots trop lestes ou trop piquants, pour l'*un* ou pour l'autre; alors gardez-la tout bonnement dans votre secrétaire et servez-vous-en seulement pour votre propre inspiration, dans vos rapports avec les deux personnes. Quant à moi, je crois que ma lance guérit les blessures qu'elle fait, mais je peux très-bien me tromper en cela comme en toute chose; j'en ai vu des exemples dans des cas analogues.

» Nous touchons à une crise qui établira entre les ministres futurs et les ministres actuels une différence plus grande mille fois que celle qui existe entre les ministres actuels et ceux de la Restauration. Les ministres actuels, qui sont peu de chose, sont aux ministres futurs, qui seront beaucoup, ce que ceux de l'Empire, qui n'étaient presque rien, étaient à ceux de la Restauration, qui étaient quelque chose, ou en d'autres termes, pendant l'Empire les hommes forts étaient maréchaux, militaires; pendant la Restauration les hommes forts étaient jésuites ou journalistes; aujourd'hui les hommes forts ne sont rien du tout, et demain ceux qui passent pour forts aujourd'hui ne seront rien du tout, parce que les ministres futurs auront pour première tâche d'employer des hommes vraiment forts et non des blagueurs, des Robert-Macaire, ou des niais..., ou d'absurdes électeurs. Ceci n'est peut-être pas encore assez clair; je vais tâcher de l'être plus, et je terminerai comme le général Bertrand : *Delenda Carthago*. Or, pour enfoncer la presse et la tribune, il faut autre chose que des baïonnettes, Charles X l'a prouvé; il faut autre chose que des armes de destruction, Napoléon n'en manquait pas et il n'a pu faire taire ni M. Lainé, ni Mme de Staël; il faut avoir dans la besace de quoi scier les cœurs, les têtes et les bras, c'est-à-dire une passion, un but, une œuvre, voulus de Dieu, appelés par les hommes; il faut que (prenez mon ours) toutes les institutions sociales, et par conséquent tous les instituteurs sociaux ou ministres, aient pour but *direct, immédiat*, l'amélioration de la conditon morale, physique et intellectuelle de la classe la plus nombreuse et la plus pauvre, parce que c'est le seul moyen de donner à la classe la moins nombreuse et la moins pauvre la sécurité et le bien-être dont elle est si avide; le peuple et les bourgeois n'attendent et ne cherchent que cela et Dieu le veut. Si donc M. Rivet cherche à grimper au haut de l'escalier, il faut qu'il se propose de mesurer à cette aune les institutions et les instituteurs, et il verra qu'à cette aune-là les institutions et les instituteurs actuels sont bien petits, tandis qu'à l'aunage actuel au contraire, belles tailles (comme vous et moi par exemple) ne paraissent pas aller à la cheville de M. Thiers; et Michel a l'air d'un ciron. (1840, année des nouvelles mesures). »

» (*Autre P. S.*) Dans l'opinion de Rivet je suis bien certain qu'il vous trouve et qu'il me trouve plus garnis d'idées politiques, grandes, généreuses, et même praticables prochainement, que M. Teste ou M. Passy, mais je crois qu'il garde cette conviction pour lui; et quand je parle de vous et de moi je devrais dire plus, M. Rivet sent et sait fort bien que du mouvement imprimé par le S. S^me^ sont sorties toutes les prévisions du malaise actuel et l'indication de plusieurs moyens importants d'y parer, d'y remédier, de revenir à la santé. Et bien, ma pensée est que tant qu'on ne rendra pas publiquement cette justice que l'on rend intérieurement, enfin tant qu'on fera du saint-simonisme en cachette et du parlementarisme en public, il n'y aura encore que des Thiers, Guizot, Passy, etc., qui seront ministres, parce qu'au moins ceux-là ne jouent pas un jeu double, ils y vont tout franchement, tout rondement; ils sont l'un *éclectique*, l'autre *constitutionnel*, le troisième *parlementaire*, et mettent toutes leurs forces sur un seul levier. Mais vouloir comme le veut Rivet organiser l'industrie, parer aux excès de la concurrence, être dégoûté comme lui des saletés électorales et parlementaires, et garder tout cela sur le cœur, tandis qu'on assiste à la guerre des portefeuilles et au siége que les plus mesquines ambitions font des plus grandes places, c'est se condamner à la nullité. Tant qu'on ne peut pas dire : voilà qui est bien, voilà qui est mal, on patauge dans le gâchis. — P. ENFANTIN. »

Le gâchis français, nous pourrions dire européen, n'absorbait pas l'attention, la sollicitude d'Enfantin. Ses lettres fréquentes à Arlès sur la politique française ou sur la question d'Orient coïncidaient avec une correspondance active sur l'organisation intellectuelle de l'Égypte dont il s'occupait depuis plusieurs années. En ce même mois de février, il écrivait au général Saint-Cyr :

» Mon cher Saint-Cyr, j'ai reçu hier ta lettre du 18; je t'ai écrit le 15, et parce que je ne partage pas l'opinion qui, d'après ta lettre, doit résulter de tes conversations avec MM. Jaubert et Jomard, je n'en persiste pas moins dans tout ce que je te disais sur celui-ci, comme seul capable, malgré son âge, de mener à bien cette belle entreprise. C'est par là que M. Jomard doit couronner sa carrière, c'est le résumé très-logique du zèle et des efforts de toute sa vie pour aider l'union de la France et de l'Égypte; j'ose donc croire que c'est plutôt chez Jaubert que chez lui que tu as rencontré des craintes qui ne sont pas d'ailleurs fondées, et qui m'étonneraient chez M. Jomard, qui connaît l'Égypte, comme M. Jaubert connaît la Turquie. La jalousie anglaise ne peut pas *tourner l'idée à son profit*, par une raison fort simple : c'est qu'il n'y a pas d'Anglais dans l'instruction publique, pas d'Anglais dans le corps médical, et que si quelques rares Anglais instruits visitent l'Égypte, c'est en touristes, et n'y prennent pas racine; et quand bien même quelques Anglais se trouveraient en position d'exploiter cette idée, ce serait une raison de plus et pour les devancer et pour y mettre toutes les influences gouvernementales et les encouragements scientifiques dont j'ai parlé dans le projet; mais, je le répète, les Anglais ne *peuvent* pas en faire *leur projet*. Peuvent-ils y mettre obstacle? Ceci est une autre question, et il me paraît certain qu'ils chercheront en effet à faire naître des obstacles, parce que leur jalousie est assez fine pour comprendre l'importance *française* d'une pareille mesure, et que la manie des Anglais n'est pas le cosmopolitisme. Or, le moment me paraît plus favorable que jamais pour triompher, dans l esprit du pacha et des Égyptiens en général, des obstacles que pourraient susciter les Anglais, et sous ce rapport seul M. Jomard me semble plus que qui que ce soit capable de déjouer ces intrigues près du pacha. Je ne crois pas que ce soit une raison pour faire *du bruit et de l'éclat*, surtout à l'avance, ni pour se vanter trop haut de ce qu'on aurait obtenu, ni surtout, comme je le l'ai déjà écrit, pour tenir à faire figurer un grand nombre de Français dans cette fondation ; mais je suis convaincu qu'il ne faut rien faire sur un *petit pied;* rien de ce qui est petit, successif, lent, progressif ne va à Méhémet-Ali ; il ne ferait de cela qu'un joujou, il ne le considérerait que comme une bonne grâce faite à sa bonne alliée la France, s'il ne sentait pas lui-même de suite et si on ne l'aidait pas à sentir, par l'importance qu'on y mettrait, que c'est un bien plus grand gage donné à l'Europe que la charte de papier du sultan. C'est cela qu'il faut qu'il comprenne, et c'est pourquoi il faut, *au moins avec lui,* commencer la chose en grand. Qu'on s'en rapporte d'ailleurs à lui, à sa finesse : lorsqu'il aura acquis la conviction que cette œuvre est une arme pour lui (mais c'est à cette conviction qu'il faut l'amener, car sans elle rien ne serait possible ni praticable), il saura fort bien la forger à grand bruit ou à petit bruit ; en d'autres termes, il ne s'agit ici, pour réussir, ni d'avoir l'opinion *publique* pour soi, ni par conséquent de l'y amener peu à peu, ni de déblayer, préparer, disposer le terrain, comme nous sommes obligés de le faire chez nous, où chaque nouveauté est un déplacement ; il faut convaincre *un* homme qui travaille sur un pays neuf, ou qui se renouvelle sur une table rase, et j'y reviens encore, M. Jomard le peut, et le peut presque seul, parce que sa simple présence en Égypte est un argument vivant, et que, quelle que soit la mission du gouvernement français qui l'y amène, M. A. verra de suite en lui un ambassadeur déguisé, mais enfin un ambassadeur et non un consul, et qu'il comprendra fort bien qu'il ne s'agit pas de jouer à la science, mais de donner un nouveau et fort soutien à son trône. De M. Jomard il ne peut attendre qu'une chose *dans son intérêt*, c'est la meilleure position pour être facilement convaincu.

» Depuis que je suis ici je n'ai pas encore reçu de nouvelles d'Égypte, mais il ne peut tarder à m'en arriver. Tu sais, par ma dernière lettre, les relations que j'y ai et celles que je peux y avoir : je désire savoir par toi, à mesure que la chose prendra consistance, en quel sens et dans quelle étendue vous croirez bon que je les emploie. Je joins ici une note ayant trait aux personnes, et répondant plus particulièrement aux idées d'organisation que tu désires avoir de moi. J'envoie séparée une réponse sur les Anglais et les obstacles qu'ils pourront susciter, parce que je crois que cela est inutile dans une note à communiquer, et que cela n'est bon que pour entrer dans les conversations préparatoires; mais j'y ai laissé le résumé de ce que je t'ai déjà dit et te dis encore aujourd'hui sur le pacha et M. Jomard, parce que, à propos du personnel, il est impossible de ne pas parler des deux personnes qui, avant toutes les autres, importent à la réussite de la chose, c'est-à-dire, d'une part, celui qui doit consentir et faire, et celui qui doit conseiller et diriger.

» Au reste, tu verras par la forme et le contenu de cette note, qu'elle ne peut avoir d'utilité que pour la personne qui serait chargée par le gouvernement de cette mission, et par conséquent, dans ma pensée, que pour M. Jomard, à qui, je pense, tu la communiqueras en tête-à-tête; et à ce propos, comme tu me dis que tu ne m'as nommé qu'au prince et à M. Jaubert, je crois que ma dernière lettre et celle-ci te permettront de me nommer à M. Jomard.

» Il y a un homme, en Égypte, dont je n'ai pas parlé dans tout ceci, et ce n'est pas un oubli de ma part : c'est Clot-Bey. Je crois que si on peut lui faire comprendre que dans l'intérêt de la chose il est nécessaire qu'il se laisse pour ainsi dire éclipser par les Turcs et Arabes, et qu'il ne se mêle en aucune façon de cette fondation, ce sera un très-grand bien, et que c'est même indispensable. Clot-Bey est trop haut placé et trop *français* pour que, s'il se mêlait de l'affaire, elle ne prît pas un caractère qu'elle ne doit pas prendre, non-seulement à l'égard des étrangers, mais pour l'Égypte même. Il faut bien que les Égyptiens sentent qu'on les *aide*, et que c'est la France qui les aide; mais il faut qu'ils croient qu'ils le font eux-mêmes et pour eux, ce qu'ils ne croiraient pas si Clot-Bey se mettait à la tête, ou simplement en évidence dans cette fondation. Le fond du sentiment égyptien, il ne faut pas se le dissimuler, la pensée de Méhémet-Ali lui-même, s'il adopte et pousse cette idée, c'est d'arriver par elle, un peu plus tôt, à pouvoir se passer des Européens, même des Français. C'est pour cela que je regarde comme indispensable l'article de ma note, où je ne donne aux étrangers que le titre d'*associés*, et où je leur ferme le *bureau*. Clot-Bey aura de la peine à comprendre et à approuver cet article, et tant qu'il ne le comprendra pas et n'en fera pas pour lui-même sa règle de conduite, il sera un dangereux obstacle plutôt qu'un aide.

» Après les principes posés dans ma première note, et les détails que renferme celle d'aujourd'hui, détails que tu trouveras peut-être poussés un peu trop loin, j'aurais à ajouter que très-probablement la chose étant présentée au pacha sous la forme que je lui ai donnée, c'est-à-dire comme une institution purement scientifique, spéciale, isolée de toutes les institutions existant actuellement, le pacha la retournera sous une autre forme, parce qu'il n'est pas homme à aimer la science pour la science, mais seulement pour ses applications. Il y verra donc, sans contredit (s'il en comprend d'ailleurs l'importance politique, sinon il n'y verra rien et n'y regardera même pas), dans la première classe, une organisation nouvelle (qu'il jugera plus ou moins bonne) de son ministère et conseil actuel de l'instruction publique; dans la deuxième classe, une réorganisation du conseil des manufactures, de la direction des arsenaux et ponts et chaussées; dans la troisième, une inspection particulière de l'enseignement des mosquées, de l'école des traducteurs et des jeunes Arabes qu'il envoie en Europe. En d'autres termes, il transformera *pratiquement* un projet qui a en effet le caractère *théorique* que comportent des institutions semblables en Europe, mais que des Turcs ne comprennent pas. Ainsi le pacha donnerait, je suppose, à la première classe, la direction, l'inspection de l'enseignement dans les écoles; à la deuxième, l'inspection des fabriques et arsenaux, et la surveillance conservatrice des monuments antiques (chose qui lui a été souvent demandée par les consuls et par les voyageurs européens, qu'il a souvent promise, mais qui est mal exécutée), et enfin, à la troisième, les drogmans et les mosquées. — Rien de tout cela ne me paraît un mal; au contraire, mais tout serait perdu s'il allait plus loin dans cette voie, car cela se réduirait bientôt à réunir dans le même lien trois bureaux ayant des attributions diverses; mais cela ne ferait pas un corps, et surtout un corps scientifique; cela ferait une administration.

» Toutefois ce besoin de donner une valeur pratique à toutes choses étant connu, et il est incontestable chez le pacha, c'est un motif pour examiner si en effet l'Égypte comporte une institution aussi théorique que celle dont j'ai tracé le plan, mais peut-être aussi aurait-il été téméraire à un Européen de chercher à indiquer à un praticien, comme M. A., la dose de pratique qui doit être jointe à une idée française pour la rendre applicable à l'Égypte.

» Par ces deux considérations, je crois que la personne qui serait chargée de la mission près du pacha, devrait d'une part, être préparée à recevoir les objections que l'*esprit pratique* lui fera, et de l'autre se disposer à combattre ce que cet esprit pourrait concevoir de complétement destructif du caractère scientifique que doit avoir l'institution.

» Ce sera, je crois, en fixant l'attention du pacha sur les collections, le musée et la bibliothèque (et il faut par conséquent qu'ils en soient vite dignes), qu'on lui pourra faire entendre que les quarante ou soixante hommes auront réellement quelque chose à faire ; sans cela, il les croirait, et avec raison, des rêveurs réunis pour fumer leur pipe. Déjà il a senti le désir du musée et celui de la bibliothèque, et il a bien souvent reconnu le désordre qui existait dans l'emploi des coûteux instruments scientifiques qu'on lui fait acheter chaque année, mais je serais étonné, je le répète, si, tout en adoptant l'idée d'un institut scientifique, il ne voulait pas lui donner des attributions *administratives* qui absorberaient la science.

» Heureusement Edhem-Bey comprendra la chose comme un Européen. Je suis certain que, pour lui, la pensée qui le frappera et l'animera le plus, c'est celle qui est en tête de ma première note : *Tant que les Musulmans ne voudront et ne sauront pas explorer scientifiquement l'Afrique, elle sera inabordable aux Européens et inconnue à la science*, tandis que le pacha se bornerait à dire : tant mieux si l'Afrique est inabordable aux Européens.

» En voilà beaucoup trop long, mon cher Saint-Cyr, je te fatigue en écrivant comme si je causais; il est plus ennuyeux de lire que d'écouter un long bavardage, mais tu me demandais de répondre vite, et je suis d'autant plus long que j'ai moins de temps. Je t'embrasse bien.

» Quelques mots encore sur un homme qui certainement se croit et à qui beaucoup de personnes pourraient croire autant de titres qu'à M. Jomard pour cette mission. Je veux dire M. Pariset. M. Pariset n'a pas dans l'esprit et le cœur du pacha, ni dans l'esprit et le cœur des jeunes Égyptiens qui ont étudié en Europe, les racines que l'affection très-vraie de M. Jomard pour le pacha et pour ces jeunes hommes, y a profondément poussées; d'un autre côté, il parle et écrit fort bien; mais beaucoup trop pour une pareille œuvre. M. Pariset, ce serait encore Clot-Bey en avant; avec M. Jomard, au contraire, ce sera Edhem-Bey et les jeunes Arabes francisés; c'est-à-dire, ce qui en Égypte aime vraiment la France; or c'est cela qu'il faut, et non un institut français au Caire, que MM. Pariset et Clot ne manqueraient pas de tenter. »

» P. Enfantin. »

XXXVI

(1840)

(Mars.)

Le 2 mars 1840, Enfantin apprenait du président de la Commission scientifique de l'Algérie qu'il devait se préparer à partir dans trois jours pour Constantine. D'autres membres étaient déjà partis pour cette destination, après avoir été prévenus assez à temps pour ne plus prendre un logement à longue demeure. « Pour moi, disait Enfantin à Arlès (lettre du 3 mars), le colonel (Bory-Saint-Vincent) m'a ménagé la surprise, il a eu soin de n'en parler ni à moi, ni à d'autres, jusqu'à hier. La plaisanterie n'est pas fameuse, mais enfin c'en est une, je me suis bien gardé de lui dire que je la prenais pour telle; j'ai été charmant; j'ai obéi comme un agneau, et je ne lui ai pas donné le plaisir de me voir me ronger les ongles. Au reste, le procédé seul m'a vexé, car je vais à Constantine avec plaisir. J'ai vu assez d'Alger pour le moment, et je ne crois pas le moment mûr pour y voir le prince. Je serais bien aise qu'il s'aperçût qu'*on m'a éloigné* de son passage, et surtout qu'*il ne crût pas que j'ai fui.*

Mais voilà tout ce que je désire et puis espérer pour le moment. Lorsque j'aurai à le voir, ce sera le moment où lui-même pourrait en éprouver le désir, et je n'ose pas croire que nous en soyons là. Si donc vous le voyez, comme je le pense, et lui parlez de moi, comme je le pense aussi, arrangez-vous pour qu'il sache que s'il ne me rencontre pas sur sa route, ce n'est pas ma faute. »

» P. ENFANTIN. »

C'était toujours l'homme incessamment et exclusivement appliqué à l'amélioration du sort des petits, et profondément convaincu que le moyen le plus sûr et le plus prompt pour atteindre ce but, était de convertir ou d'influencer les grands, et le duc d'Orléans était alors le prince dont l'avenir s'offrait comme plein d'espérances à l'apôtre de la classe la plus nombreuse et la plus pauvre. Mais la prévoyance humaine, à sa plus haute puissance, reste nécessairement exposée à se nourrir parfois d'illusions, dans l'impossibilité où elle est de lever certains coins du voile qui couvre les desseins de la Providence divine !

Notons, en passant, que la classe la plus nombreuse et la plus pauvre, pour laquelle Enfantin désirait et espérait un patron puissant parmi les princes d'antique origine et sur les marches mêmes du trône de France, trouvait, à cette époque, un auxiliaire inattendu parmi ces torys anglais qui combattaient depuis cinquante ans l'esprit de la révolution française. Robert Peel disait alors à notre ambassadeur, M. Guizot, qui nous l'a répété pendant un court sommeil de ses prédilections bourgeoises : « Le but suprême de la société et du gouvernement doit être le plus grand bien-être possible du plus grand nombre de créatures humaines..... Il y a là trop de souffrances et de perplexité ; c'est une honte comme un péril pour notre civilisation. Il faut absolument rendre la condition de ce peuple du travail manuel moins dure et moins précaire. » Robert Peel fit plus que gémir sur cette honte et ce péril; il entreprit et accomplit la réforme économique, poursuivie avec tant d'ardeur par l'illustre Cobden, et qui devait conduire au traité de libre échange entre l'Angleterre et la France. « Malgré toutes ses réserves morales, politiques et nationales, dit M. Guizot, ce grand conservateur anglais était lui-même un enfant bien plutôt qu'un ennemi de ce *nouvel ordre social* qui demeure puissant et fécond en dépit de ses fautes, de ses revers, de ses mécomptes et de ses ténèbres. » Ajoutons que l'initiateur libéral de Robert Peel, en matière économique, et qui a été salué plus tard, en deçà et au delà de la Manche, comme le vrai promoteur du libre échange, ajoutons que Richard Cobden compta parmi ses éminents coopérateurs deux disciples d'Enfantin, Michel Chevalier et Arlès-Dufour.

Enfantin arriva le 13 mars 1840 à Constantine. Le 19, il écrivit à Arlès pour lui annoncer son installation au palais qu'habitait le général Galbois. Constantine lui avait apparu comme un *nid d'aigle,* les habitants de l'ancienne Numidie comme moins belliqueux et moins fanatiques que les tribus de l'ouest. Le général l'avait parfaitement accueilli. Il avait trouvé à Constantine des chefs arabes que les manières affables du duc d'Orléans avaient rendus favorables aux Français, mais il avait remarqué en même temps, dans les populations, des mécontentements et des murmures provoqués par les procédés de l'administration militaire. Quant à la terre, il la croyait susceptible d'une riche culture ; il ne fallait pour cela que le travail et la sécurité qui manquaient également à cette province.

Mais l'étude des hommes et des choses de l'Algérie ne pouvait suffire à l'activité d'esprit d'Enfantin ; ce qu'il voyait en Afrique ne l'empêchait pas de porter au loin ses regards et de s'inquiéter beaucoup de ce qui se passait en France au sujet de la *dotation Nemours.*

Il aurait voulu que le prince, dont il se complaisait à faire le levier prédestiné de la politique saint-simonienne, s'abstînt de concourir et manifestât même hautement son opposition aux actes impopulaires qui compromettaient visiblement l'avenir de la dynastie. « Désapprouver son père, disait-il à Arlès, c'était lui faire un rempart solide de sa propre personne, c'était sauver sa mère des ridicules lamentations du *Journal des Débats;* rompre avec le parti de la cour, et pourtant ne pouvoir être pris pour un *républicain* ni pour un *carliste,* n'est-ce donc pas une bonne manière pour qui veut être roi un jour, et appeler à lui tout ce qui sent l'avenir ?.... Si le roi consent à subir M. Thiers, que le duc d'Orléans respectueusement s'éloigne, son isolement le mettra bientôt plus en vue et lui fera plus d'amis que toutes les grâces dont il dispose aujourd'hui. Subir M. Thiers est pour la royauté un mal aussi grand que la loi d'*amour*...; si ce ne sont pas des fautes, ce sont au moins des malheurs dans lesquels le prince devrait s'abstenir d'intervenir, et qu'il devrait avoir le courage de déplorer hautement... »

Enfantin croyait à la nécessité d'arrêter les progrès de l'omnipotence parlementaire, exercée au nom et au profit de la classe la moins nombreuse et la plus riche. C'était *une pétaudière* qui gouvernait, disait-il, et cette pétaudière était gouvernée elle-même par quelques rhéteurs éloquents ou habiles, dominés le plus souvent par la mesquine ambition des portefeuilles et subissant tous, à des degrés divers, le joug des préjugés oligarchiques et de la routine conservatrice. Il désirait qu'une protestation fût lancée d'en haut contre ce régime, il voulait que quelqu'un dît carrément son fait à cette oligarchie remuante, égoïste et stérile. « Il est d'autant plus nécessaire qu'un prince le dise, ajoutait-il, que le roi, malgré les balles et les poignards, malgré les avanies dont il est abreuvé, ne le dira jamais, et ne le pensera même jamais, tant il est fils de la révolution, élève des constitutionnistes et nourri d'anglais. Or beaucoup d'hommes, et d'hommes francs et puissants, le pensent cependant déjà en France, et ils se réjouiront le jour où un prince osera le dire, et ils s'approcheront de lui comme Murat, Lefèvre, Lannes, etc., s'approchèrent de Napoléon quand il osa en finir avec les rhéteurs de son temps. »

En terminant cette lettre, Enfantin constatait que sa dernière page était la soixantième qu'il écrivait pour le courrier du surlendemain 22 mars.

Peu de jours après il quittait Constantine, à la

suite d'un corps expéditionnaire qui allait parcourir la province. Au retour de cette excursion, il écrivit à Arlès pour se plaindre d'être privé depuis longtemps de ses nouvelles, ce qui le contrariait d'autant plus que ce fidèle ami, d'après une lettre d'Holstein, avait fait, dans un voyage à Paris, quelques *bonnes visites*. Enfantin commençait d'ailleurs sa lettre par le récit des incidents militaires auxquels il avait assisté en observateur :

« Constantine, 27 avril 1840.

» Mon cher Arlès, nous sommes arrivés avant-hier de notre course de quatre-vingt-dix lieues, en douze jours dont deux de séjour, ce qui fait neuf lieues par jour, avec un officier tué, deux blessés, une douzaine de soldats tués et un peu plus de blessés. Nous avons pris 50 à 60,000 moutons, quelques milliers de bœufs, quelques centaines de chameaux, autant d'ânes et mulets, des tentes, etc., mais presque tout cela a été enlevé par nos tribus auxiliaires, ce qui fait que, pécuniairement parlant, le gouvernement n'y fait pas à beaucoup près ses frais. J'ai eu l'avantage de voir des têtes coupées ou des corps sans tête, de voir des blessés, d'entendre le canon et le sifflement des balles, et comme je l'écris à Aglaé, ce serait suffisant pour m'empêcher, si d'ailleurs j'en avais envie, de me reprendre à aimer le monde *tel qu'il est*, et de ne plus songer à le changer. Je me suis trouvé en superbe position pour tout voir, et j'ai eu deux heures très-solennelles, le jour même (lundi de Pâques) de la mort de ma mère et de mon procès en cour d'assises de 1833.

» Je suis resté tout seul pendant ces deux heures à une lieue de tout Français, sur un monticule d'où j'apercevais tout, combat et pillage, assis sur une ruine romaine, la bride de mon mulet en main, et repassant plus de choses dans ma tête pendant ces deux heures qu'il n'y en entre habituellement en deux années. Voilà donc ce qu'on appelle encore en 1840 porter la civilisation dans un pays! C'est horriblement bête, mais enfin c'est un fait; les hommes en 1840 en sont encore là. Quel temps ou quel miracle faudra-t-il pour les en tirer? Dieu le sait, et je confesse en toute humilité que je l'ignore.

» Mais poussons ferme à la roue, car le char est bien embourbé dans le sang et la fange.....

» P. ENFANTIN. »

Le religieux philosophe reprenait ensuite le cours de ses réflexions politiques sur les événements et les hommes du jour. Il insistait toujours sur la mission qu'il croyait réservée au duc d'Orléans et à laquelle il aurait voulu associer Lamartine. Les 221 avaient encore à ses yeux un rôle important à remplir s'ils parvenaient, comme il l'espérait, à bien comprendre la situation. Quant à l'opposition, celle de M. Thiers surtout, il la jugeait irrévocablement impuissante et stérile; toute sa correspondance [1] d'Afrique, en 1840 et 1841, reflète à merveille le mouvement des esprits en France et en Europe pendant ces deux années, et renferme des appréciations hardies et souvent prophétiques dont l'histoire politique et philosophique de cette époque fera certainement son profit.

Au reste, l'insistance d'Enfantin auprès d'Arlès, pour la communication de ses lettres au duc d'Orléans, n'avait pas été vaine. Arlès s'était empressé de justifier la confiance et de remplir les intentions de son puissant inspirateur, par l'entremise du secrétaire des commandements du prince royal,

1. Cette correspondance se compose de plus de trois cents lettres adressées à MM. Saint-Cyr-Nugues, Arlès, Holstein, Lambert, Bory-Saint-Vincent, Gustave d'Eichthal, Urbain, Carette, Jourdan, Marion, colonel Marengo, docteur Guyon, général Létang, Lamoricière, Lefranc, Levaillant, Morelet, Blanqui, Soliman-Pacha, Lucas, Guyot, Delamare, De Neveu, Macker, Marceau, Verollot, Ravergie, docteur Ribes, Considérant, de Luzy, Prax, Houdelette, Brincard, Silvestre, Fabreguettes, De Bazey; mesdames Aglaé Saint-Hilaire, Thérèse Nugues, Émilie Marre, etc.

M. de Boismilon[1]. Il avait fait aussi de *bonnes visites*, selon le mot d'Holstein, pendant ses voyages à Paris. Enhardi enfin par le gracieux accueil dont l'héritier du trône l'avait toujours honoré, et bien pénétré des sentiments et des idées qu'il puisait dans la correspondance du maître, il se sentit assez fort pour exercer directement l'apostolat royal sur le prince dans une lettre où il s'efforça de rattacher et de subordonner les intérêts dynastiques aux progrès sociaux. Voici cette lettre :

A Monseigneur le duc d'Orléans, à Marseille.

« Lyon, 3 juin 1840.

» Monseigneur,

» Vous m'avez accueilli avec tant de bienveillance, vous avez paru si bien sentir que je ne suis pas un *solliciteur* ordinaire, que j'ose venir trou-

1. Le 10 avril 1840, M. de Boismilon écrivait à Arlès : « Puisque vous devez être prochainement à Paris, c'est à vous-même que je remettrai le curieux dépôt que vous avez bien voulu me confier. Le Prince royal qui sera revenu alors de Saint-Omer, aura tout lu, excepté les vieilles lettres d'Egypte, non pas qu'il y ait aucun inconvénient pour un esprit sérieux comme le sien à la lecture de ce qui toucherait aux sujets les plus délicats et les plus dynastiques, mais la correspondance la plus récente est en même temps la plus pratiquement utile. Les données du problème ont bien varié depuis 1835. Au reste, je compte sur le plaisir de m'entretenir quelques instants avec vous, plus complétement que par lettre. — BOISMILON. »

bler les premiers moments d'un repos si bien mérité, pour rappeler à votre pensée le sujet des entretiens dont vous m'avez honoré.

» Prince, c'est beau la guerre et ses dangers! C'est beau et noble le soldat à la guerre!

» Mais ce sera bien beau le travail, quand on l'aura régularisé et glorifié comme la guerre.

» Il sera bien beau, bien grand et bien noble l'ouvrier, lorsqu'une organisation aussi parfaite que celle des armées aura remplacé ses *haillons* physiques, intellectuels et moraux par de *brillants uniformes!*

» Et quelle gloire pour la France, ce cœur du monde, d'entrer la première dans cette immense et noble carrière.

» Et pour le prince qui donnera l'impulsion à la France et au monde, que de bénédictions!

» Que sont les lauriers sanglants de Napoléon comparés aux trophées vivifiants du travail pacifique!

» Une dynastie nouvelle doit imprimer une direction nouvelle, et pour vivre et vieillir ne pas faire du mort ou du *vieux;* votre auguste père l'a bien compris, mais il a dû temporiser, gêné par les débris des vieilles époques, des vieilles idées, des vieux besoins, débris qui tombent en poussière et que le temps aura emportés quand vous arriverez au pouvoir suprême.

» Alors les temps seront venus, parce que les hommes seront prêts.

» *Tout* ce que vous avez trouvé en naissant à la vie politique, tout le passé de vos aïeux, tout le passé du pays et même du monde, a dû attirer vos études, vos méditations, vos illusions vers la guerre; mais vous nous l'avez dit ici, vous êtes de notre époque pour l'esprit et le cœur aussi bien que par l'âge, et vous entrevoyez à travers l'atmosphère militaire qui environne encore les princes, un autre entourage pour les rois; c'est ce qui vous a fait nous accueillir avec âme, c'est ce qui nous a tant émus en vous écoutant.

» Pour qui s'arrête à l'écorce, le travail et les travailleurs tels que des siècles de demi-servitude et tels que l'anarchie actuelle, sous le nom de liberté, les ont faits, font peine et dégoût.

» Mais, Monseigneur, pensez aux temps où la guerre était aussi livrée à l'anarchie, où chaque baron, chaque bâtard de baron, bataillait pour son compte, et où les armées n'étaient qu'un vil ramassis de pillards, et vous ne désespérerez pas de l'organisation et de la moralisation des barons de l'industrie et des serfs des ateliers.

» Entre ces bandes de soldats vendus au plus offrant et les armées régulières de nationaux, il y a eu une longue transition; de même entre le travail débandé, égoïste, anarchisé, et le travail régularisé, associé, organisé, il y aura longue et douloureuse transition; mais elle sera d'autant moins longue et moins douloureuse qu'on s'en occupera plus *en haut.*

» Le plus pressant, dans l'intérêt du maître comme dans celui de l'ouvrier, c'est l'amélioration du sort de l'ouvrier; ainsi que vous me l'avez dit encore, c'est chose grave et difficile, mais ce n'est pas chose impossible, car autrement il faudrait douter de Dieu. La *vouloir* et faire savoir au monde qu'on *la veut,* cela seul améliorerait déjà puissamment le sort moral de l'ouvrier. Vouloir et faire savoir qu'on veut, c'est appeler à soi tous les hommes capables de réaliser cette volonté; c'est Bonaparte au 18 brumaire, voulant l'ordre dans l'anarchie et entouré à l'instant même de tous ceux qui furent bientôt ses maréchaux.

» Vouloir et faire savoir qu'on veut, c'est inspirer au bourgeois le *désir* et à l'ouvrier la *patience,* c'est déjà les associer à une œuvre commune.

» C'est Jésus annonçant la fraternité à des maîtres et à des esclaves.

» Prince, vous m'avez parlé et je sais ce que *vous voulez*, mais le monde ne le sait pas. Le monde voit vos actes et votre entourage, le bourgeois applaudit ou critique, mais l'ouvrier se tait et ne crie pas vivat encore.

» J'ai osé le crier pour lui afin qu'il entende et *espère*. Parlez et faites, il *croira*, et vous lui ferez bientôt la divine *charité*.

» Prince, au milieu du prestige de gloire *militaire* qui vous entoure et des fanfares qui vont résonner sur votre passage, n'oubliez pas le travail et les travailleurs, et, *je vous en supplie*, ne traitez pas d'*utopie* la possibilité de leur organisation; daignez aussi vous souvenir que vous avez à Lyon un homme qui croit servir son pays et vous servir en appelant avec insistance l'attention de Votre Altesse Royale sur cette question si grave, si difficile et si grosse d'avenir. — ARLÈS-DUFOUR. »

Ce langage du principal correspondant d'Enfantin exprimait parfaitement la pensée constante du maître; l'apostolat royal avait trouvé un digne organe dans le disciple qui, avec la sincérité et l'énergie de ses convictions, s'était toujours maintenu en dehors de l'apostolat célibataire, discipliné et costumé.

Revenons à Enfantin :

La sollicitude active et soutenue qu'il apportait à l'examen des questions européennes et à la découverte des solutions qu'il s'empressait d'indiquer à ses amis sur les problèmes de la politique quotidienne, ne le détournait pas de l'œuvre universelle à laquelle il avait consacré sa vie, non plus que de l'œuvre spéciale qui l'avait conduit en Algérie.

Rentré à Constantine le 15 juin après une course dans l'Ouest, il y reçut une lettre du disciple dont la parole, aux temps difficiles de l'apostolat régulier, l'avait toujours vivement impressionné. Ce disciple avait été le prophète de la sécularisation du sacerdoce saint-simonien. Il était rentré dans le monde, et il s'en trouvait et s'en montrait assez satisfait pour faire croire qu'il considérait la propagande des idées nouvelles, exercée isolément et pour ainsi dire *incognito*, par des croyants réconciliés en apparence avec la vieille société, comme la meilleure forme à laquelle pussent s'arrêter les anciens apôtres du nouveau christianisme. Le maître en pensait autrement, et il le dit en ces termes au disciple :

« Constantine, 24 juin 1840.

» Mon cher Gustave,

» Tu as un optimisme que j'admire, c'est-à-dire

qui me surprend, et sur lequel je me permettrai, puisque tu veux causer comme il y a neuf ans, de te dire, malgré les neuf ans, ma façon de penser.

» Michel souffre, dis-tu, Transon *aspire* à être répétiteur d'X., Barrault rédige un livre, Fournel fait *ses* affaires, Reynaud des articles astronomiques et géologiques pour gagner son pain ; Charles voit son théâtre mort, et tu pourrais ajouter que Laurent est juge à 12 ou 1,500 francs dans quelque petit trou de France, que Duguet est probablement expéditionnaire, Petit paysan, Bruneau et Lambert expatriés depuis sept ans ; que Rodrigues, m'a-t-on dit, n'a pas trouvé à la bourse la pierre philosophale qu'il y cherchait, qu'Arlès avait failli l'année dernière être englouti par les désastres d'Amérique ; enfin tu aurais pu me rappeler que les tombes d'Hoart et d'Ollivier, avec une dizaine de tombes de leurs frères, sont sans doute en ce moment emportées par le Nil ou couvertes de sable ou de hautes herbes ; que celle de Retouret sautera au premier travail qu'un sapeur du génie devra faire à Alger, que celles de Bazard et de Bouffard sont dans des villages ignorés qui ne reçoivent aucun pèlerinage, et que Talabot repose près de Saint-Simon, de ma mère et de mon père, à la garde de Dupontès seul.

» M. Burnouf a beau être fort content de ton travail, et Bory-Saint-Vincent serait enchanté du mien, que je n'y verrais pas raison suffisante pour que si tout s'est calmé dans le monde, comme tu dis, tout se calme dans notre cœur ; d'ailleurs tout ne s'est pas calmé dans le monde. — Nous étions bouillants en 1830 ; le monde se chauffe et s'apprête à bouillir à son tour ; la surface est calme, mais le fond est déjà brûlant, et si les hommes qui, comme nous, ont mis les charbons de bois et l'étincelle au foyer, se croisent les bras et regardent de leur fenêtre, l'incendie envahira la maison, la cité, le monde.

» Lorsque notre brave Hoart mourait dans nos bras, Bruneau me dit à l'instant : l'apostolat est fini et il avait à moitié raison ; il l'aurait eue tout à fait s'il avait dit : notre apostolat *populaire*, notre appel au *peuple* est fini ; mais le jour même j'écrivais une lettre à Heine ; ce jour même, je le sentais, l'apostolat royal, l'appel aux grands, aux princes du monde, commençait.

» Tu as peur qu'Urbain devienne *homme de cour*, mais il a été assez longtemps, comme nous tous, homme de rue, pourquoi s'arrêterait-il au salon que tu parais aimer en ce moment ? Tu sais bien qu'il est fils d'esclave, et toi, d'ailleurs, ne deviens-tu pas homme d'*académies?* les *cours* scientifiques, n'est-ce pas à elles que tu comptes surtout adresser tes travaux et même tes respects très-humbles? Il fait de la politique, toi de la science.

» Tu sais qu'il m'est arrivé plus d'une fois, je dirais presque toujours, de réagir contre la forme de ta pensée, et pourtant de te rendre grâce, de te bénir pour m'avoir profondément remué par ce combat où tu étais toujours provocateur. Je te rends grâce encore, cher ami, ta somnolence me réveille, ton engourdissement me fait tressaillir, et je me sens prêt à demander pardon à Dieu, à nos amis souffrants, à nos morts oubliés, d'avoir peut-être cru trop longtemps et trop souvent que je pouvais, depuis ces neuf années, laisser passer, les bras croisés, la justice de Dieu.

» Tu dors, et voilà pourquoi tu souffres dans ta chair. Tu dors et tu souffres parce que tu ne gagnes pas ton pain comme tous tes frères. Tu as bu l'opium de la science pour t'étourdir sur l'immoralité du prédicateur de l'hérédité par le travail qui vit de l'hérédité par la naissance, et sur la faiblesse de l'amant de la femme qui cherche le plaisir dans la solitude.

» Non, tout n'est pas calme dans le monde, et dans mon cœur, les vieilles sympathies ne sont pas usées. Tu m'as dit de prendre ta lettre pour une lettre du 3 juin, je l'ai fait; et toi, cher ami, prends ma rudesse encore une fois pour une parole de bonté que Dieu te fait entendre par ma bouche. Songe que je ne me méprends pas à la béatitude de ta lettre, et que je sens vivement ce que tu me dis des souffrances morales que tu éprouves *par moments*, et qui ne t'arrivent pas seulement à l'aspect d'un beau ciel, au souvenir des rivages lumineux de la Grèce, de l'Italie et de l'Afrique, à l'apparition d'une belle forme, mais qui t'assaillent aussi quand tu songes à tout ce que nous avons voulu et voulons encore, au nom de Dieu, quand tu songes que ceux que tu as nommés tes frères, celles que tu as appelées tes sœurs et tes filles, ceux et celles que tu as traités en apôtres de Dieu, en princes de la famille humaine, sont encore généralement traités comme des fous et des intrigants, travaillant à une rude tâche bien différente de celle qu'ils rêvaient et qu'ils rêvent, puisqu'ils ne peuvent que travailler *pour eux*, pour *vivre*, eux qui voulaient et qui veulent toujours travailler POUR LA VIE DE TOUS, et mourir même pour tous; quand tu songes enfin que plusieurs sont dans la misère, que plusieurs sont morts à la peine, plus ignorés, moins estimés que le moindre officier de

Napoléon. Ne me dis-tu pas aussi que ce n'est pas sans émotion que tu songes aux circonstances dans lesquelles ta lettre pourra me rencontrer. Oh je sais bien ce que tu as dans le cœur pour moi, je sais bien que tu comprends ce qu'a dû éprouver depuis neuf ans, ce que doit éprouver à présent, l'homme que vous aviez élevé si haut par-dessus tous les hommes, lorsqu'il s'est trouvé et se trouve encore dans un monde qui le croit si bas. Je sais que si bien des choses te paraissent pour le mieux dans ce monde, ce n'est pas que tu le considères comme le meilleur monde possible... »

Enfantin, à la fin de sa lettre, ajoutait quelques mots sur la chambre, provoqués par les appréciations de son ancien disciple, et il terminait ainsi :

« Et la presse, dont tu ne m'as rien dit, est-ce qu'elle n'en est pas où en est le théâtre? Il faut la ressusciter, diras-tu ; oui sans doute, et la chambre aussi ; il faut ressusciter tout le monde, ET NOUS-MÊMES. Tout est mort ! Adieu, à toi !

» P. ENFANTIN. »

Le disciple était fait pour entendre cet appel à la résurrection ; le rayon de lumière nouvelle qu'il avait reçu de Saint-Simon et d'Enfantin ne devait pas s'éteindre.

Enfantin quitta de nouveau Constantine, dans les derniers jours de juin pour visiter Guelmah et Bône et se rendre à la fin de juillet à Alger d'où il écrivit à Arlès cette lettre remarquable sur le grave problème de la colonisation européenne en Afrique, lequel est loin aujourd'hui encore de laisser espérer une solution prochaine et tout à fait satisfaisante :

« Mon cher Arlès, je vous avais préparé une assez longue lettre, que de nouveaux renseignements m'ont fait modifier, et que votre lettre du 23 m'engage d'ailleurs à laisser en suspens jusqu'à ce que vous ayez réponse à votre envoi du 22.

» Samedi dernier, le courrier vous portait une lettre de moi, et une caisse que vous ne recevrez que huit jours après, à cause de la quarantaine et de la différence qu'il y a entre une occasion et la poste.

» Nos cabinets de lecture n'ont pas la *Revue des Deux-Mondes ;* vous m'enverrez par la poste, je vous prie, le numéro dont vous me parlez.

» *Les Débats* du 15 au 22 sont intéressants quant à l'Espagne, à l'Égypte, à l'Algérie, malgré la nullité ou la faiblesse des principes qui président à la rédaction, mais à cause de l'instinct politique qui fait distinguer et signaler les points saillants. Ses articles sur les livrets des tailleurs sont également curieux; mais ils font voir que nos hommes d'*ordre*, qui commencent à comprendre qu'il faut *organiser* le travail, croient qu'organisation est synonyme de police. C'est là l'écueil que rencontrera ce parti, et qui lui donnera, tant qu'il n'aura pas su l'éviter, le dessous dans la discussion publique de ces grands intérêts. Non-seulement sur ce terrain *le National* aura les *masses* pour lui, mais il aura ce qui a permis à Napoléon d'organiser sa prodigieuse armée : ce n'est pas qu'il ait conservé la forme d'escouades, de pelotons, de compagnies, de bataillons et régiments; c'est que la compagnie, le régiment, n'ont plus été *vendables* ou *héritables*, et que le soldat a eu dans sa giberne le bâton de maréchal de France; c'est, en un mot, parce qu'il a réalisé là un *ordre moral* nouveau, qu'il a organisé. De même c'est avec un *sentiment* nouveau, avec un *principe* nouveau, qu'il faut aborder l'organisation du travail; ce principe, c'est celui de l'*éducation* de tous selon les *vocations*, et non selon la naissance, dont la première conséquence est le CLASSEMENT selon le MÉRITE, et la deuxième la RÉTRIBUTION selon les ŒUVRES. Ce qui embrasse l'organisation des *écoles*, des ATELIERS, des lieux de RETRAITE, c'est-à-dire toute la vie de l'homme.

» Je sais fort bien que tout cela ne peut pas s'improviser d'ensemble et se réaliser en un jour, et que l'homme ne commence jamais par *tout*, mais seulement par *quelque chose;* mais je suis convaincu qu'on ne peut réussir dans une grande entreprise que si l'on a devant soi le but qu'on veut atteindre, et en soi l'impulsion, le sentiment qui vous fait découvrir et employer les moyens propres à l'atteindre.

» Tant que les défenseurs de l'ordre, c'est-à-dire les hommes qui sont à l'égard de l'industrie les représentants des maîtres, n'auront pas compris qu'il s'agit pour les maîtres de quelque chose d'analogue à ce qu'ont éprouvé les colonels et capitaines d'autrefois, c'est-à-dire qu'il leur faudra *gagner* à l'avenir leurs épaulettes industrielles par leur travail et leur *propre* valeur, les représentants de l'*ordre* seront toujours battus par les prédicateurs de la *liberté*.

» Organiser l'industrie, c'est donc chercher, autant que possible, à donner à chacun la place que sa capacité et son mérite réclament; d'où il suit que toutes les institutions industrielles doivent être jugées en leur appliquant la mesure suivante : en quoi cette institution favorise-t-elle ou contrarie-t-elle le classement légitime de chacun à la place qu'il mérite? Et ce n'est pas chercher la *perfection*, c'est chercher le plus de bien et le moins de mal *possible*.

» La loi sur le travail des enfants dans les fabriques est mille fois plus dans la sphère *organisatrice* que le système des livrets, et même que les prud'hommes; ceci n'est que *police* et presque justice de paix; c'est à peu près l'analogue des livrets de troupe et des conseils de discipline, c'est-à-dire chose fort utile sans doute, mais quelle que soit l'organisation, ou plutôt d'autant plus utile qu'il y a moins d'organisation.

» Qu'on ne se fasse pas illusion, ce sont les *corporations* d'autrefois qu'il faut, non pas rétablir, mais remplacer; il ne s'agit pas même de les *restaurer*, comme l'aurait compris et essayé la branche aînée; c'est un bel et bon remplacement qu'il faut, c'est le principe du *mérite personnel*, de la *valeur individuelle*, seule interprétation légitime des mots *liberté* et *égalité*, qu'il faut introduire dans une institution qui, par son nom même, indiquait que l'individu devait être sacrifié au *corps*, la liberté à l'ordre.

» Ce ne sont donc pas des *corporations* industrielles, mais *des associations* industrielles qu'il faut organiser; et ici, comme en toutes choses, il faut commencer par une association modèle sur laquelle toutes les autres associations puissent rapidement se mouler, ou plutôt encore par une association modèle dont les membres puissent être, pour ainsi dire, les moniteurs des associations futures, en un mot par une *école normale* de l'industrie.

» Que ce mot *école* ne vous trompe pas cependant, je n'entends pas par là une institution de *théorie* industrielle pour des enfants ou même des jeunes gens, je veux parler d'une *œuvre* industrielle assez grande, assez générale pour être un symbole complet du travail pacifique, comme les campagnes d'Italie et d'Égypte ont été le symbole préparatoire du grand règne militaire de Napoléon.

» Or, il y a une chose qui se prête merveilleusement, providentiellement à une pareille entreprise, c'est la colonisation de l'Algérie, et ici je dois vous dire combien j'ai été heureux de voir, par la lettre de M. Boismilon, que le Prince ne considérait sa campagne de Médéah que comme un prélude de l'organisation pacifique de notre nouvelle France. Voici donc l'œuvre de *travail*, de *culture*, d'*industrie*; l'œuvre de *civilisation* qui, elle-même, sera le prélude de l'organisation du travail en France.

» Mais combien d'obstacles cette bonne résolution ne rencontrera-t elle pas? L'immense majorité des hommes qui s'occupent de l'Algérie n'y ont vu jusqu'ici qu'un nuage noir d'événements *militaires*, et il faut être aussi haut placé que le Prince pour être prêt immédiatement à la pacifier, quand on sort d'un champ de bataille. Tout le monde ici (je parle d'Alger et non de Constantine qui est presque aussi inconnue ici qu'en France) est encore convaincu que la France ne doit avoir qu'une chose en vue dans l'Algérie, la guerre, toujours la guerre, jusqu'à la destruction complète d'Abd-el-Kader. C'est qu'en effet, dans les deux provinces de l'ouest, aucune œuvre pacifique ne saurait être conçue, encouragée et entreprise, dans l'état d'insécurité où l'on se trouve. Heureusement il existe une portion de notre possession africaine, et c'est la plus étendue, la plus belle, la plus féconde, la plus illustre par son passé et aussi par le sang français qu'elle a coûté, qui est prête à comprendre la bonne promesse du Prince, c'est la province de Constantine. Je vous l'ai déjà écrit, j'ai la conviction que si, dans cette belle province, l'on ne se hâte pas d'introduire l'élément de travail pacifique, si l'on veut y continuer le système de paix inféconde qui y a été suivi jusqu'ici, mais qui dépasse en ce moment le terme de son utilité, on gâtera Constantine par le procédé inverse de celui qui a gâté Alger, c'est-à-dire en y faisant trop tard ce qu'on a essayé trop tôt à Alger.

» J'espère donc que ce sera dans la province de Constantine que se réaliseront les promesses de travail et de civilisation, et j'avoue pourtant que vu l'état des esprits, absorbés comme ils le sont en France par les vues des colons d'Alger, égarés par l'ignorance de la presse sur la province de Constantine, trompés par cette longue habitude de confondre Algérie avec Alger, et colonisation avec Mitidjah, il est difficile de comprendre comment cette nouvelle ère de travail pourra commencer là même où elle me semble le mieux préparée.

» Voyez ce projet d'enceinte de la Mitidjah ; mur, fossé, canal ou route, n'est-ce pas toujours cet ancien préjugé qui ne laisse voir dans l'Algérie que la Mitidjah, et qui veut qu'on commence par elle, qu'on ne songe qu'à elle?

» Et pourtant déjà bien des bons esprits ont reconnu que c'était une erreur de croire que des *individus*, surtout des Français de ce siècle seraient capables de fonder sur de solides bases la colonisation. D'un autre côté tout le monde est convaincu que l'administration, dans les concessions qu'elle a faites ou dans les autorisations de culture, n'ayant observé aucun ordre et imposé aucune obligation, en vue de la dépense, il a dû en résulter, ou des désastres militaires pour la foule des colons, ou la ruine des colons par suite de nécessités militaires.

» Et en effet des deux idées précédentes est sortie l'idée de *fermes isolées*, tandis que c'était l'idée de *villages* qu'il fallait introduire en Algérie, parce que c'est la seule qui permette de combiner les besoins de *culture* avec ceux de *défense*, ceux-ci étant représentés par des *camps*.

» Est-il possible de revenir sur de pareilles erreurs, et faut-il, comme le dit M. Blanqui, révolutionner la propriété coloniale de la province d'Alger, pour la rendre instrument utile, d'obstacle insurmontable qu'elle est aujourd'hui? Est-ce utile de tenter en ce moment une pareille révolution, et n'y a-t-il rien de mieux à faire dans l'intérêt de la colonisation de notre nouvelle France?

» Attendons au moins pour ici qu'on en *ait fini* avec Abd-el-Kader; mais, en attendant, ne fermons pas les yeux à la lumière; regardons ces belles plaines de Bône et de Guelmah, la vallée de Philippeville à Constantine et les environs de Milah, de Sétif et de presque tous nos camps, et nous trouverons la terre aussi riche, plus sûre mille fois, généralement plus saine que la Mitidja, et vierge encore de tout trafic, pouvant être distribuée et cultivée comme l'exigent la sécurité des Français et les légitimes prétentions des Arabes.

» J'avais pensé, et je pense encore qu'il serait utile et possible de rattacher à l'œuvre constantinoise, et d'intéresser à son succès les colons d'Alger ; et c'est sur ce sujet spécial que je vous avais écrit la lettre dont je vous parle au commencement de celle-ci, et que j'ai suspendue jusqu'à nouveaux renseignements. Il me suffit de vous dire que le projet consistait à les faire entrer dans l'association pour une part correspondante à l'indemnité ou compensation que le gouvernement accordera probablement à leurs réclamations pour désastres de guerre. Et je crois en effet qu'avant de voir entreprendre dans l'est, il faudrait s'assurer de ne pas rencontrer d'obstacles de la part de gens qui s'opposeraient toujours à ce qu'on voudra faire en dehors de la Mitidjah, à moins qu'on ne les y intéresse eux-mêmes.

» Le Prince a dit une fois en quittant Constantine : « Il est fâcheux que nous n'ayons pas » commencé par cette province. » Ce regret signale une erreur qu'il s'agit de réparer, et qui est réparable, mais il est temps.

» C'est donc la colonisation de la province de Constantine que je considère comme l'école normale où peuvent se former les vrais organisateurs du travail en France ; et, vraiment, je m'étonnerais que les phalanstériens ne dirigeassent pas tous leurs efforts vers une réalisation de leur phalanstère dans ce pays, si malgré toute la justice que je rends à leurs bonnes intentions et à leurs lumières, je n'avais pas la ferme conviction que leur théorie est impraticable, et qu'eux-mêmes personnellement sont bien plus théoriciens que praticiens.

» On a envoyé en Algérie une commission scientifique : il lui faut surtout une commission industrielle, chargée d'examiner les lieux et les moyens de colonisation. Et encore à présent des ingénieurs militaires vont décider la question du fossé ; un autre ingénieur a décidé l'adoption d'un projet de port pour Alger, dont le *devis* s'élève à 18 ou 20 millions ! Les Chambres ont voté l'année dernière et voteront l'année prochaine des sommes énormes et une masse d'hommes qui seront en presque totalité appliqués à l'ouest ; et dans tout cela, cette modeste province de Constantine devrait se contenter des compliments que le maréchal, le ministre, les Chambres, les journaux font à sa sagesse et à sa tranquillité ! C'est impossible et par trop absurde.

» Mais n'est-il pas à craindre qu'avec les habitudes tracassières du parlementarisme, le gouvernement ne puisse pas se mettre à la tête de l'œuvre coloniale, et ne devrait-il pas se borner au *laissez faire, laissez passer?* C'est possible; dans ce cas, je rappelerais au Prince sa promesse, je lui demanderais son œuvre de travail à laquelle il préludait par de glorieux combats, et je suis certain qu'en effet nous le verrions aux premiers rangs des colonisateurs, comme il était aux premiers rangs des soldats, c'est qu'il y a quelque chose de vrai, savez-vous, dans une espèce de prophétie menaçante que j'ai lue je ne sais où, et qui promettait le gouvernement de la France à qui saurait résoudre l'immense problème de la colonie africaine; c'est vrai comme l'eût éte une promesse d'empire à Napoléon partant pour l'Égypte, c'est vrai parce que l'œuvre du siècle actuel est une œuvre *d'organisation,* comme celle de Napoléon devait être avant tout une œuvre *militaire;* et c'est vrai encore parce que l'ère de politique universelle qui s'ouvre est celle du contact des Européens avec les Africains et Asiatiques, des chrétiens avec les musulmans; c'est vrai enfin, j'en ai le ferme espoir, parce que le duc d'Orléans n'a gagné ici que des éperons et qu'il voudra y mériter sa couronne.

» Si donc le parlementarisme tracasse et refuse, et je le crois, que le Prince se mette en tête de l'*association coloniale*, et qu'il montre à tous qu'en dehors de ce qu'on nomme le gouvernement, il sait où est la force de la France. Le budget n'est pas toute la richesse de la France, ses députés et ses pairs ne sont pas toute sa gloire, et ses soldats tout son courage; il y a un peuple tout entier en dehors du parlement, et c'est sur ce peuple qu'il faut régner un jour, par l'affection, tandis qu'on porte aujourd'hui tout le poids de ses continuelles défiances. Si le parlement refuse, pour qui *fera* sans lui il y aura double gloire, et ce sera le parlementarisme qui aura abdiqué en faveur de la royauté future.

» L'avenir de nos possessions africaines est remis en question chaque *année* dans nos chambres, qu'il soit coté et escompté *chaque jour* à la bourse, et je réponds que ce sera fini de ces doutes annuels, et que l'Algérie sera définitivement reconnue, comme l'Espagne l'a été, lorsque les Rothschild, les Aguado, qui ne sont ni pairs, ni députés, ni généraux, ni préfets, l'ont *négociée*.

» Concéder les terres gratuitement avec conditions d'impôt, seulement après quelques années de culture; imposer des conditions de position et de forme pour les villages et d'ordre pour la culture, relier l'association avec le gouvernement par les commissaires du roi, investir en même temps des fonctions civiles, déterminer les rapports de cette administration civile avec l'autorité militaire chargée de sa défense, voici à peu près toute la part du gouvernement dans cette création; *organiser le travail* serait celle de la société.

» Mais c'est assez et peut-être trop parler sur une question si grave qui se prêterait peut-être à être jetée à l'aventure dans une conversation, mais qui exigerait, pour être présentée par l'écriture, un plan complet et détaillé, que je ne saurais faire que dans le cas où j'apprendrais par vous qu'il a quelque chance d'être lu et accueilli.

» Adieu, cher ami, je vous serre la main, et j'embrasse toute cette bonne petite famille que j'aime comme j'aime la mienne et vous.

» P. Enfantin. »

« *P. S.* Il y a quelques années, j'ai retrouvé des cahiers de composition de mon frère au lycée Charlemagne; il y avait trois élèves qui étaient toujours les premiers et qui ont eu en effet tous ou presque tous les prix, ils se nommaient: Cousin, Boismilon et Enfantin. Ce souvenir m'a fait lire, avec plus d'intérêt encore le petit billet que vous m'avez envoyé. »

XXXVII

(1840)

(Août - Décembre.)

Un événement dont l'annonce et la gravité devaient réveiller la France en sursaut et provoquer dans son sein une recrudescence de la fièvre guerrière, venait de s'accomplir à Londres, sans que sa préparation et son voisinage eussent été seulement soupçonnés, ni par l'ambassadeur français, M. Guizot, ni par le premier ministre de France, M. Thiers, ni par le roi des Français qui se piquait d'ailleurs de tant de finesse et apportait tant de jalousie dans son gouvernement personnel, Louis-Philippe. Le traité du 15 juillet était conclu et signé; les grandes puissances avaient exclu la France du concert européen, nous nous trouvions en présence d'une coalition diplomatique, grosse d'une coalition militaire. Les prévisions d'Enfantin sur l'année 1840, sur les conséquences de l'avénement ministériel de M. Thiers, sur l'impuissance radicale de la politique bourgeoise, conservatrice ou frondeuse, allaient être vérifiées. Au bruit de ce qui se passait en Europe, il écrivit à Arlès :

« Alger, 5 août 1840.

» Je ne m'attendais pas, cher Arlès, à voir réaliser si promptement ce que je vous annonçais dernierement comme probable et prochain. Nous voici en effet en dehors de la politique européenne dans la question d'Orient ; la chose est grave et j'ose dire solennelle, le grand drame de politique universelle qui caractérisera notre siècle est maintenant largement préparé. Chacun prend son rôle, chaque peuple est en scène, et vraiment en y songeant bien, la France occupe la place qui lui convient. Napoléon disait : « Vous êtes le grand peuple, la grande nation, et du haut des Pyramides quarante siècles vous contemplent ! Il avait raison.

» D'autres ont dit : « la France, c'est le Christ des nations, elle donne son sang et sa chair pour le progrès et le bonheur du monde » ; ils avaient raison aussi. Dans notre force et notre gloire, aussi bien que dans nos revers et notre humiliation, nous sommes le peuple élu de Dieu, l'initiateur des peuples, l'Israël des temps modernes et nous prodiguons à tous notre vie si bonne, si tolérante, si gracieuse, si *humaine*.

» Et cependant pour ce drame qui commence, quels acteurs mettons-nous en scène? Par quels coryphées notre chœur de peuples semble-t-il conduit? Rappelez-vous ce que je vous ai écrit sur les deux Révolutions de 89 et de 1830 et sur le Directoire comparé à notre situation actuelle; quels acteurs avions-nous aussi alors sur la scène? Napoléon et sa grande armée étaient dans les coulisses, aujourd'hui Israël est prêt, il attend son heure.

Un jour la guillotine fut remplacée par l'épée. La France après qu'elle se fût décimée elle-même, après qu'elle eut détruit toutes les sommités de son ancienne association, promena cette épée sur la tête de tous les rois de l'Europe et inspira à tous les peuples une même pensée d'affranchissement et de rénovation qui établit, entre elle et eux, une communauté d'espoir que, depuis lors, quelques gouvernements ont cherché inutilement à détruire.

» L'unité européenne existe, Napoléon l'a fondée, comme la Convention avait institué l'unité française en détruisant les provinces.

» Aujourd'hui, ce sont aussi nos armes de destruction, notre guillotine de 1830, c'est-à-dire notre *tribune* qui décime et notre *presse* qui *exécute*, qu'il faut transformer en armes nobles, afin que, comme disait Chateaubriand, l'honneur ait un refuge sous de nouveaux drapeaux; il faut que nous promenions sur le monde la franchise et la loyauté de notre *parole* et de nos *écrits*. Il faut que nous anoblissions, en un mot, la *publicité*, l'arme du *peuple*, arme sublime de *construction*, d'*édification* que nous ne savons employer aujourd'hui qu'à la destruction et au mensonge.

» La France n'a pas d'autre moyen de triomphe, elle n'a même pas d'autre ressource dans la position que lui font les gouvernements d'Europe, qu'un *appel aux peuples par une diplomatie au grand jour;* elle seule ne peut qu'y gagner dans l'estime du monde entier; elle seule n'a pas de motifs secrets qui puissent la retenir.

» L'heure de Lamartine est donc venue; j'ai parlé de franchise, de noblesse, de dignité dans la parole et dans l'écriture, dans le verbe et dans la chaire; il était donc certain que je n'avais pas en vue notre directoire.

» Et en effet nous ne sortirons pas de l'isolement où on nous laisse, par les efforts des hommes qui, évidemment, sont en grande partie la cause de cet isolement et l'objet de ce mépris de l'Europe. Voilà cette circonstance que je vous annonçais, que j'attendais, circonstance favorable au changement de front de notre halte dans la boue. C'en est fait des questions de majorité et de stratégie parlementaire; tout homme que le hasard même le plus aveugle jetterait en ce moment au pouvoir en France, serait certain de trouver la France unanime. Mais ce n'est pas assez d'un moment, il faut que l'enthousiasme de notre fierté blessée, de notre honneur compromis, se sente noblement représenté, dirigé, gouverné. Nos armées ont obéi au Directoire; elles s'étaient même déjà formées, multipliées et illustrées sous la main des guillotineurs les plus célèbres, mais cela n'a pas duré longtemps et du sein de cette armée sont bientôt sortis les hommes dignes du bâton du commandement

» Si M. Thiers ne convoque pas immédiatement les chambres, la presse le détrônera bien vite; s'il les convoque, elles exigeront de lui ce qu'il ne saurait leur donner, autre chose que de l'esprit et de la souplesse, elles exigeront de la grandeur d'âme et du génie.

» M. Thiers voudra remuer *sourdement* l'Italie contre l'Autriche; la confédération du Rhin contre la Prusse; la Pologne contre la Russie, l'Irlande contre l'Angleterre; il voudra faire de la propagande républicaine en Europe, tout en restant en France, monarchiste constitutionnel; mais ce n'est pas de cela qu'il s'agit aujourd'hui, les peuples n'ont plus rien à apprendre sous ce rapport, et Napoléon n'est pas allé sournoisement établir la guillotine sur les places de Berlin, de Vienne et de Moscou; ce n'est pas un juillet 1830 qu'il faut faire répéter dans toute l'Europe, pas plus que Napoléon n'y a parodié 93, c'est la vie européenne qu'il faut porter en Orient, comme nous avons porté notre vie française sur toute la surface de l'Europe, c'est-à-dire avec grandeur, avec gloire.

» Et voici en effet ce qui explique et justifie notre isolement actuel et ce qui nous assure en même temps le grand rôle dans le drame dont on semble vouloir nous exclure. Nous sommes au ban de l'Europe, parce que nous seuls avons le sentiment d'indépendance, d'égalité, de fraternité avec lequel l'Europe doit aborder l'Orient, avec lequel le christianisme doit toucher l'islamisme. Nous sommes au ban de l'Europe, parce que nous ne voulons pas voler le sultan, dépouiller le vieux Méhémet-Ali épuisé, et que nous avons pourtant su prendre la charge de venger la chrétienté de la piraterie algérienne. Nous sommes au ban de l'Europe, parce que nous ne sommes ni superstitieux comme des chrétiens grecs ou catholiques, ni cagots comme des protestants et des anglicans, et que nous sommes vraiment religieux, frères de tous les hommes. Nous sommes repoussés par les Russes et par les Anglais, parce que nous ne voulons ni de l'autocratie sur toute la terre, ni du monopole sur toutes les mers, et repoussés aussi par l'aristocratie prussienne et autrichienne, parce nous admirons davantage un grand *parvenu* comme Méhémet-Ali, que tous les petits *héritiers* de couronnes; enfin, nous sommes délaissés par tous, parce que nous sommes réellement devant eux, à notre place, à l'avant-garde de l'humanité.

» C'est une erreur de croire que la question d'Orient ne soit qu'une question européenne, et il faut être plus qu'Européen pour la comprendre telle qu'elle est. Voilà pourquoi nous avons fait si peu de bonnes choses depuis que nous sommes en Algérie; voilà pourquoi toute la diplomatie européenne s'est fourvoyée dans la lutte de Méhémet-Ali et du sultan, voilà pourquoi aussi la position de la France dans ce nuage diplomatique se trouve être la meilleure par *instinct*, par *sentiment*, mais non par l'effet d'une prévoyante sagesse. Toute l'Europe raisonne et agit comme si la crise qui met en présence pacifique l'Orient et l'Occident, ne devait être qu'une occasion pour obtenir une meilleure balance des forces européennes et l'accroissement de quelques-unes de ces forces. Ces deux résultats du contact sont bien véritables; mais ce ne sont que des faits secondaires. Le fait capital c'est le contact lui-même qui doit non-seulement renouveler et renforcer la balance politique de l'Europe, mais aussi renouveler et renforcer la politique de l'Orient, et *par dessus tout* établir enfin une balance politique entre l'Orient et l'Occident dont les deux bras soient autres que le sabre de Mahomet et l'épée chrétienne.

» La France semble reculer devant une nécessité toute providentielle de notre siècle, l'*invasion* de l'Orient par l'Occident, et ce serait pourtant à bon droit qu'on pourrait lui dire : N'avez-vous pas vous-même envahi l'Algérie, n'avez-vous pas avant nous tous, mis le pied sur la terre d'Afrique? Et pourtant sa résistance est légitime, précisément parce que les autres puissances européennes semblent vouloir traiter Méhémet-Ali en pirate et faire de Constantinople ce que nous avons fait de Constantine.

» Oui, l'Occident envahit l'Orient, mais sous quelle forme cet envahissement doit-il avoir lieu?

Ici l'instinct de la France ne la trompe pas, elle a peur que l'Angleterre et la Russie ne soient mues que par un sentiment *égoïste*, mais sa protestation et son isolement ne suffisent pas, elle ne doit pas se borner à dire : Ne faites pas cela ! Elle doit proclamer hautement ce qu'il faut faire.

» Vous savez que j'aime à me représenter, dans l'histoire comme dans l'avenir des peuples, les grands résultats de leurs relations par les œuvres principales qu'ils ont accomplies ou devront accomplir, par celles qui sont de nature à exprimer le but véritable de ces relations. Or, que veut l'Angleterre? La route de l'Inde par Suez ou bien par l'Euphrate et toutes les deux, si c'est possible. Que veut la Russie? La route de l'Inde par l'Asie-Mineure, la Perse et le Caboul ; c'est qu'en effet voilà les deux grandes expressions du contact de l'Orient et de l'Occident au XIXe siècle, comme les voyages de Christophe Colomb, de Vasco de Gama, ont été les grandes expressions de l'expansion de l'Europe sur le monde, à d'autres époques.

» Qui donc pourrait vouloir empêcher que pareilles œuvres se fassent? Lorsqu'un jour les Américains perceront Panama, quel est le *Chinois* qui osera s'en plaindre?

» J'ai dit *invasion* de l'Orient par l'Occident, et

ce mot est mauvais parce qu'il rappelle inévitablement la forme ancienne de l'envahissement, la forme militaire, la forme destructive, qui est pourtant le contraire de ma pensée; mais je l'ai conservé parce qu'il suppose dans le contact de ces deux parties de notre hémisphère, momentanément du moins, l'activité chez l'un, la passivité chez l'autre, et que c'est ainsi que les choses se présentent aujourd'hui, c'est nous qui devons aller chez *eux*, et nous irons, et il faut que, par l'influence de la France, on y aille convenablement, mais non pas que la France empêche d'y aller.

» Les Russes iront donc à Constantinople et les Anglais à Alexandrie; il faut non-seulement en prendre son parti parce que c'est inévitable, c'est fatal comme le dieu des musulmans, mais il faut s'en réjouir aussi parce que c'est providentiel comme le Dieu des chrétiens. Ne pas avoir sans cesse et avec joie ce résultat devant les yeux, c'est se condamner à ne rien comprendre à la politique de notre siècle.

» C'est donc cette pensée qu'il faut enseigner au monde par le moyen de notre diplomatie au grand jour; les grands et les petits diplomates, les rois et les peuples, les chrétiens comme les musulmans, sont suffisamment préparés à comprendre cette parole d'*union* entre tous, et ceux d'entre eux qui, en la comprenant, ne voudraient pas s'y soumettre, seraient entraînés malgré eux, dans cette route que Dieu a tracée à l'humanité.

» Je suis très-persuadé que si cette lettre était imprimée dans les journaux, que si elle était récitée à la chambre des députés, on traiterait son auteur comme a été traité souvent Lamartine, on le nommerait rêveur ; je n'en pense pas moins, de même que lorsque je lisais Lamartine, que lui et moi nous avons un peu mieux conscience de l'Orient que les journalistes et députés, et que dès que Lamartine *agira*, aura *pouvoir*, son sentiment juste et éclairé des exigences européennes et orientales lui fera traduire en pratique ce qui naturellement ne devait avoir qu'un caractère théorique quand il parlait ou écrivait hors du *pouvoir*.

» Au reste les hommes qui se nomment positifs et pratiques, et politiques par excellence, se font quelquefois de drôles d'illusions sur ce qu'ils nomment rêverie. Et par exemple, qu'y a-t-il de plus positif, que le conseil que je donne de faire de la diplomatie publique? Et n'est-il pas même évident que ces mêmes idées que je viens d'écrire à mon ami Arlès prendraient un caractère pratique par cela seul qu'elles seraient écrites par le ministre de France au ministre d'Angleterre et de Russie, et publiées avec les réponses de ces messieurs. Aujourd'hui on appelle homme pratique celui qui n'a aucun principe, aucun système, aucune théorie, et qui prend tout au jour le jour, tournant les difficultés sans les résoudre, parce qu'il ne sait ni leur cause, ni leurs conséquences, s'encombrant d'un arriéré et de projets d'avenir, aussi lourds les uns que les autres, sautillant à droite et à gauche sans savoir où poser le pied ; j'ai fait là le portrait que tout le monde fait de M. Thiers, que tout le monde fait de lord Palmerston, et l'opinion est tellement unanime à ce sujet, qu'il n'est pas possible de croire à une longue durée de l'aveuglement qui a fait nommer cela de la politique.

» L'heure de Lamartine a sonné, je vous le dis encore. L'affaire d'Orient est son affaire ; c'est elle qui a fait sa réputation d'orateur, de politique, c'est par l'Orient qu'il a clos sa carrière exclusivement poétique et qu'il a commencé sa carrière politique ; c'est à l'Orient qu'il doit consacrer aujourd'hui toute son âme de poëte et tout son cœur d'homme, et je dis aussi toute sa tendresse de père ; Dieu, l'humanité et cette fille adorée le veulent, j'en suis sûr.

» Et Michel, que me parlez-vous de sa chaire

d'économie politique! Il a donc oublié que c'est lui qui a écrit le système de la Méditerranée, il ne voit pas que le grand lac va être couvert d'innombrables vaisseaux de toutes les puissances de l'Europe, et que Memphis, Babylone et Palmyre se dressent sur leurs ruines pour voir passer les géants du XIXe siècle! Quoi! ce serait en ce moment que Michel prendrait un bonnet de docteur et débuterait au professorat, cela n'est pas possible; ses démarches étaient faites avant ces grandes nouvelles.

» Adieu, cher ami, si nous devions avoir la guerre, je me trouverais fort drôlement placé à Alger, mais je suis comme la Bourse de Paris qui n'a pas fait trop vite dégringoler ses rentes, je ne crois pas encore à la guerre et je ne me vois pas bloqué en Algérie. Cependant, pour que nous n'ayons pas la guerre, une condition me paraît indispensable, c'est une modification dans notre personnel qui nous donne le moyen de placer en présence des maîtres de la diplomatie européenne des hommes qui n'aient pas reçu le soufflet que viennent de recevoir M. Thiers et ses ambassadeurs.

» A propos de nos ambassadeurs, que dites-vous de M. Guizot? Ne vous avais-je pas bien prédit ce qu'il allait faire en Angleterre, à l'insu de son âme bien entendu. Ne vous avais-je pas dit qu'il ferait si bien que l'alliance anglaise serait brisée, et qu'il ferait donner des coups de pied à M. Thiers? Je donnerais deux sous pour faire une visite d'un quart d'heure dans le fond du cœur de M. Guizot, qui doit être plongé dans l'éclectisme des sentiments les plus contradictoires; heureux des coups de pied, parce que c'est M. Thiers qui les reçoit, malheureux des susdits coups de pied, parce qu'ils passent d'abord par lui pour arriver à M. Thiers; craignant théoriquement les torys et n'espérant pratiquement qu'en eux; riant et pleurant à la fois pour chaque chose, et ne sachant pas si c'est à Louis-Philippe, ou à M. Thiers, ou à lord Palmerston, qu'il doit savoir gré du pied-de-nez qu'il a maintenant au milieu du visage.

» Adieu encore une fois, je ne vous réponds pas sur ce que vous me demandez pour la forme de votre visite à Paris [1], vous saurez beaucoup mieux

1. Nous trouvons dans les papiers d'Enfantin une trace de la nouvelle visite qu'Arlès fit à Paris à la fin de ce même mois d'août; c'est un autre billet du secrétaire des commandements du duc d'Orléans, ainsi conçu :

« Tuileries, 26 août.

» Monsieur,

» Le prince royal à qui j'ai annoncé votre arrivée à Paris, en lui communiquant la lettre qui vous a été écrite d'Alger (la lettre ci-dessus), est dans l'intention de profiter de votre séjour que moi, d'ici là, par le silence ou la réponse provoqués par vos envois de lettres, si vous devez demander ou faire savoir. — P. ENFANTIN. »

Peu de jours après, Enfantin reprenait avec le général Saint-Cyr la question de l'institut égyptien et revenait à ce sujet, sur le caractère essentiel du conflit oriental :

« Alger, 13 août 1840.

» Tu m'as dit, mon cher Saint-Cyr, qu'il t'avait été généralement répondu que les circonstances politiques n'étaient pas favorables à l'exécution du projet égyptien que je t'avais adressé; c'est, je crois, une erreur, c'est au contraire le moment d'employer cette forme de relation entre la France et l'Égypte.

» Non-seulement j'ai la ferme espérance que l'on échappera à la nécessité d'une guerre européenne et universelle, devant laquelle tous les peuples semblent en ce moment faire de sérieuses réflexions et qui donne surtout à penser à leurs

à Paris pour s'entretenir avec vous, et vous recevrez prochainement, l'indication du jour ou S. A. R. pourra venir à Paris pour vous recevoir.

» Je profite de cette occasion moi-même pour vous renouveler monsieur, l'assurance de ma considération dévouée.

» BOISMILON ».

gouvernements, mais je crois en outre que, même avant la guerre, le procédé politico-scientifique en question serait un très-bon calcul, et qu'avec la paix probable, c'est encore ce que la France aurait de mieux à faire de ce côté pour exprimer clairement le genre d'influence civilisatrice qu'elle conçoit et qu'elle provoque même, de la part de l'Europe sur l'Orient.

» Avant toutes les nations de l'Europe, qui se disputent où et comment elles exerceront de l'influence sur l'Orient, nous avons déjà, nous Français, un pied sur la côte africaine et notre main dans la main du plus grand homme oriental. Mais de même que le moment est venu de faire autre chose en Algérie qu'une prise de possession et qu'il faut, pour ainsi dire, à tout prix, faire *produire* cette terre que nous n'avons fait jusqu'ici que *prendre*, de même aussi il faut *utiliser* cette amitié du Grand-Pacha et ne pas nous borner à une amitié stérile pour nous comme pour lui. Je dis *stérile*, en regard de ce que chacun sent être caché sous la politique russe et anglaise. (Enfantin reproduit ici le jugement qu'il porte sur cette politique dans sa dernière lettre à Arlès.)

» Peut-être, continue Enfantin, que même en admettant l'idée que je viens de développer, tu me demanderas de la rattacher plus directement au projet d'Institut scientifique à fonder en Égypte par l'influence de la France; m'y voici. Tu te rappelleras sans doute que j'ai fait observer dans la composition de cet institut, que les Arabes qui avaient le mieux profité de leur éducation européenne étaient les mathématiciens et particulièrement les ingénieurs; c'est en effet ce que notre siècle européen et surtout français était le plus capable de donner à l'Orient, bien entendu avec et après l'instruction militaire; et réciproquement le ministre du pacha le plus capable de comprendre et d'aider les intentions de l'Europe à l'égard de l'Égypte est le général Edhem-Bey, mathématicien et ingénieur. Or, si, comme je le pense, la politique de l'Europe en Égypte tourne autour d'une grande œuvre d'*ingénieur*, il est naturel que je songe à placer la France au foyer même où il lui sera le plus facile d'inspirer et de diriger cette œuvre.

» Je ne connais pas Constantinople comme je connais l'Égypte, mais il me semble que l'expédition de M. de Sercey est, par rapport à la *route de terre* de l'Inde, l'analogue de ce que serait pour la *route de mer* l'Institut scientifique pratique que j'ai proposé. M. de Sercey va, pour le moins, apprendre la vérité sur ce que veulent les Anglais en Égypte. — P. Enfantin. »

Les choses vont se passer comme Enfantin l'a prévu. Louis-Philippe, au milieu de ses démonstrations belliqueuses, n'a songé qu'à éviter la guerre, et il fera ce qu'il faudra pour cela, *la modification de son personnel ministériel.* Seulement, cette modification ne remplira pas la condition qu'Enfantin y a mise; elle ne placera pas, *en présence des maîtres de la diplomatie européenne,* des hommes qui n'aient pas reçu *le soufflet* donné par lord Palmerston, à MM. Thiers et Guizot.

Sans détourner son attention de la grande scène politique qui agitait le monde, Enfantin ne cessait pas de s'occuper paternellement de ceux de ses disciples qui avaient conservé avec lui des relations filiales. Urbain était de ce nombre; il avait confié au maître le malaise de son esprit, ses impressions, ses peines; le père lui répondit : « Je n'admets pas du tout, cher ami, les explications que tu me donnes de l'impuissance de ta bonne volonté; d'autant plus que tu finis ta lettre en disant : toute mon attention est recueillie, j'attends la parole ou le signe qui me dira de marcher. Tu n'a rien à attendre, ni de moi ni d'autres; de moi par une très-bonne raison, c'est que je t'ai dit : *marche!* Je t'ai dit : *fais-moi une note sur le personnel et un vocabulaire*; tiens-moi au courant des événements politiques de la province, resserre les liens qui t'attachent déjà à quelques hommes qui doivent jouer des rôles importants dans les événements orientaux. De moi donc tu n'as rien à attendre, puisque je t'ai déjà demandé de marcher plus que tu ne peux à ce qu'il paraît; et d'autres non plus, tu n'as rien à *attendre*, car c'est à toi à chercher près d'eux, et ce serait plutôt à toi à leur communiquer ton attente, d'un signe, à les prédisposer à attendre une parole. Tu dis à Jourdan que lorsque la France aura pris son parti, lorsque les événements se dessineront un peu, nous aurons mille chances de trouver notre rôle; mais est-ce que tu n'es pas *français* et *dessinateur* d'événements? Est-ce que tu ne sais pas le parti que la France doit prendre? Est-ce que tu n'es pas certain que c'est elle qui prêchera la première entre tous les peuples, et qui pratiquera, ce que toi-même tu as prêché et pratiqué : l'union religieuse de l'Orient et de l'Occident? Pourquoi Dieu nous aurait-il donc choisis, nous Français? Voici l'apostalat que rêvait Ollivier qui va commencer, apostolat par peuples et non par individus. Ollivier croyait que pour compléter notre apostolat, il suffirait d'y voir entrer un ou quelques représentants des races humaines; il se trompait et sautait un intermédiaire; pour que toutes les nations envoient un représentant au *Concile universel,* il faut qu'une nation soit à toutes les nations, ce que j'ai été pour vous, ce que moi, Parisien, j'ai été pour toi, mulâtre français de Cayenne. Michel finit sa dernière brochure sur la Chine par cette lamentation : « Astre brillant de la France, pourquoi es-tu tombé du ciel et comment pourrais-tu y remonter? » Et crois-tu donc, Jérémie, qu'Israël se meurt, parce qu'on crache au visage du Christ des nations? Oui, sans doute, la France se ruine en Algérie et se ruinera bien plus encore dans les phases suivantes de son apostolat oriental; oui, elle perd et perdra ses plus anciennes affections européennes, elle sera montrée au doigt, bafouée, jugée au banc des criminels, elle aura sa prison de Sainte-Pélagie; mais qu'est-ce à dire, l'œuvre de Dieu ne sera-t-elle pas accomplie? La France ne se sera-t-elle pas incarnée dans l'humanité comme je me suis déjà incarné, moi pauvre membre intrus d'une commission scientifique, dans toute la France? Et elle en aura conscience, et son humiliation momentanée ne lui fera rien perdre de sa dignité et de sa foi en elle, et sa vie méprisée lui sera encore plus glorieuse que toutes les gloires de ses contempteurs.

» Me demanderas-tu maintenant comment je peux penser qu'on déterminera notre France à embrasser une carrière de fatigues énormes, de travaux prodigieux, en la menaçant de cette cascade qui mène de chute en chute, de la rue Monsigny à Sainte-Pélagie. Oui, je le pense, et voici pourquoi. Moi aussi j'ai vu l'abîme, et plus j'avançais plus ses gouffres me semblèrent terribles; mais aussi plus j'avançais et plus je découvrais clairement les beautés de la terre promise; et il ne s'agit pas ici de vaudeville, mais c'est parce que j'étais Français que je m'y suis précipité. Songe donc ce qu'était notre *foi*, alors que nous faisions déjà le *Producteur*, et que l'existence de Dieu était encore en question entre nous. La France en est là; sa politique grandiose et humaine la rend niaise aux yeux des Anglais et des Russes, et aux yeux d'Abd-el-Kader, comme notre politique du *Producteur*, que Casimir Périer appelait de la viande creuse, et B. Constant du mandarinisme. Songe à nos premiers pas et n'attribue point à notre foi en Dieu et dans l'immortalité de l'âme ce qui nous a conduits au contraire à croire en Dieu et dans l'immortalité.

» La France en est là, dis-je, elle est lancée dans la politique d'union et non de conquête ; comme nous faisions nos articles sur l'esprit d'association substitué à l'esprit de conquête, elle soutiendra et poussera sa politique jusqu'au bout, elle y est engagée d'honneur, et par conviction ; et dans sa marche, à chaque chute, elle rencontrera comme nous un Dieu, un ange qui la soutiendra et renouvellera ses forces et son courage......... En relisant ma lettre, je vois que je te parle d'apostolat par peuple et non par individu, je pense que tu n'y verras pas contradiction, mais confirmation de l'apostolat princier. Celui-ci est la condition de l'autre ; pour que l'apostolat par peuple, pour que la mission de *la France* puisse s'accomplir, il faut que les *princes de France* en soient dignes ; il faut, en d'autres termes, que le gouvernement soit à la hauteur de la tâche que Dieu assigne à la nation. — Après le *Producteur* nous avons fondé la hiérarchie[1]. — P. ENFANTIN. »

1. Urbain, dans sa réponse qui ne se fit pas attendre, dit à Enfantin, au sujet des affaires d'Orient : « Je suis tellement étourdi que je ne sais plus qu'en dire. Aussi je suis heureux du peu de mots que vous me dites, ils m'aident à me tirer un peu de ce labyrinthe. »

Blanqui aîné, membre de la commission scientifique d'Afrique, avait écrit un mémoire sur l'Algérie dont son collègue Enfantin se crut obligé de redresser les erreurs, sans attaque directe, et dans une lettre pleine de ménagements. Arlès, qui avait reçu une copie de cette critique inoffensive, ayant témoigné qu'il la trouvait trop anodine, Enfantin lui écrivit d'Alger le 27 septembre :

« Ce qui vous a sans doute fait juger ma lettre à Blanqui trop modeste, c'est que vous ne connaissez pas le mémoire de Blanqui sur l'Algérie. C'est sans contredit l'écrit sur ce sujet qui a causé le plus d'impression. Or, c'est un morceau d'*artiste*, vu de très-haut, en aigle, et *raisonné* en *maître*. Il a aperçu des principes capitaux, et en a tiré des conséquences qui en sont la contradiction manifeste. Je ne vous en donnerai d'autres preuves que ces deux-ci, qui vous frapperont, après avoir connu de lui ce que vous en connaissez par ma lettre ; c'est qu'il se borne à déplorer la prise de Constantine, disant qu'il ne sait à quoi elle peut nous être utile, et qu'il songe encore à coloniser la Mitidja.

» Je devais tenir compte de l'*impression* produite par son ouvrage, j'aurais fait une bêtise si j'avais voulu faire adopter mes idées en *critiquant* les siennes (à l'académie), et soyez certain que

Blanqui ne s'y trompera pas, et ne me trouvera pas trop humble et trop modeste; quant à ses illustres collègues, ma modestie envers leur confrère ne saurait les indisposer contre moi.

» J'aurais peut-être dû vous prévenir d'avance de ceci, mais ce qui *n'est pas fait* n'est pas fait.— *Allah Kerim!*

» Vous allez peut-être dire que si ma modestie est une malice, il n'en faut pas; alors concluons qu'il ne faut pas que je m'adresse aux académies; ce sont fines mouches, auxquelles j'ai fait boire du vinaigre autrefois, je n'en ai pas pris une. Blanqui dira certainement en lui-même : il est difficile de me faire entendre plus galamment que je suis, comme en 1825, un petit garçon à côté de papa Doliban, et l'académie dirait : ah! diable, voilà le Père suprême qui s'adoucit, son sourcil ne fait plus trembler l'Olympe; c'est un bonhomme, qui ne manque pas de sens. Je ne leur en demande pas davantage; pourvu que l'académie *confirme* le choix fait de moi pour la commission sur la *désignation* du prince, c'est tout ce que je peux en désirer et en attendre; mais je crois qu'il faut cette *confirmation*, après *baptême*, pour que je puisse *communier*.

» Si donc le ministre, ainsi que vous, laisse tomber dans l'eau ma lettre à Blanqui, il me faudra chercher une autre forme analogue qui soit en harmonie avec ce nom de commission scientifique d'Algérie que je porte à ma *rentrée* dans le monde.

» J'avais cru avoir trouvé la bonne et je le crois encore, comme je crois que vous vous trompez, et que vous ne me supposiez pas encore aussi malin que je le suis.

» Le colonel vient de régler la campagne. —On part le 18 pour Bone et la Calle, quinze jours après pour Tunis, où l'on restera quinze jours ou un mois; puis retour à Bone et à Constantine, pour y passer l'hiver et attendre l'époque des expéditions.

» Il est possible cependant que je ne parte que le 1er novembre et je rejoindrais directement à Tunis. Je l'aimerais mieux ainsi, et d'ailleurs cela me permettra d'apprécier le vent de France que m'apporteront vos lettres d'ici là.

» Je n'ai pas eu encore le temps de lire les journaux, mais je sens la paix dans l'air, j'espère ne pas me tromper.

» Mais je sais les fortifications de Paris, et en y réfléchissant mieux qu'autrefois, je dis : *bene*. Il est évident que l'évolution industrielle ne peut se faire qu'avec *précaution;* c'est *contre* les émeutes que les fortifications sont conçues, à Lyon comme à Paris, mais il faut qu'elles ne soient pas seulement négatives et qu'elles servent *pour* les ouvriers. Il faut les considérer sous cette double face; Louis-Philippe est frappé de la première, le duc d'Orléans doit songer à la seconde. — Le père laissera à son fils la machine avec *soupape de sûreté*, il n'y aura plus qu'à la faire fonctionner rondement.

» Adieu encore une fois. — P. ENFANTIN. »

Les fortifications de Paris étaient devenues en effet à ce moment l'objet de méditations spéciales de la part d'Enfantin. La pensée qu'il n'avait fait qu'indiquer, dans sa lettre du 27 septembre, fut longuement développée dans une nouvelle lettre du 1er octobre. Le 11, il écrivit encore à Arlès sur la colonisation de l'Algérie, reprenant et étendant les vues exprimées dans le travail adressé à Blanqui; puis, par le même courrier, il lui transmit ses pressentiments et ses aspirations au sujet de la grande crise qui menaçait l'Europe et qu'il jugeait prochaine. Il rêvait une abdication généreuse et définitive des représentants épuisés du passé, en faveur des princes qui lui semblaient destinés à comprendre et à gouverner l'avenir. Voici un extrait de la lettre où le plan de cette transaction, plus facile à imaginer qu'à réaliser, était exposé :

« Alger, 11 octobre 1840.

» Il paraît que voici la guerre commencée contre le pacha, j'espère que cela n'ira pas plus loin, et même que cela est déjà fini. Les affaires d'Espagne sont presque aussi graves. Tout ceci rapproche d'une solution dans laquelle *la crainte* sera, de toutes parts, une grande inspiration qui contrebalancera l'inspiration des passions haineuses et désordonnées ; mais ceci ne détermine qu'un équilibre d'oscillations et non une marche en avant ; il faut pour celle-ci un *espoir d'avenir* qui a bien de la peine à naître et à mûrir dans les âmes de nos jours, et qui n'apparaîtra qu'à l'occasion de quelque grave événement dont je ne saurais prévoir la forme, mais qui est inévitable. Cet événement fera sortir de leur apathie de grandes *volontés* qui sommeillent, enveloppées dans le grand manteau du passé, le catholicisme, et dans les langes étroits où l'avenir est garrotté et que nous appelons le saint-simonisme, c'est-à-dire dans les deux vêtements que 1830 a répudiés ou condamnés et auxquels justice est encore due. Ce que représente Henri V existe partout en Europe et vient décidément de se liguer contre la révolution de juillet, comme ce qui représente notre avenir s'est au contraire rapproché de lui dans son représentant, membre de la commission scientifique. La dernière lutte entre le passé et l'avenir qui doit se terminer par une conciliation s'approche donc.

» Supprimez toutes ces considérations qui nous sont tout à fait personnelles et intimes, mais réfléchissez et faites réfléchir à ce que je vais vous dire.

» Il faut qu'Henri V fasse un noble coup de tête.

» Il faut l'y décider, le lui inspirer.

» Il faut qu'il se montre Français, fils de France.

» Il faut qu'il dise hautement s'il est avec la Russie et l'Angleterre, ou avec nous.

» Il faut qu'*il n'y ait plus un seul légitimiste qui ait une excuse pour rester dans son château*, regardant passer tranquillement notre siècle.

» Voilà ce que j'espérais de Lamartine à Vienne, voilà ce que je rêvais pour moi quand je voulais y aller, et voilà encore ce que je rêverais pour Lamartine et pour moi, si une troisième personne le *voulait.*

» Le fils de Napoléon n'a pas senti et ne pouvait sentir ce qu'il devait faire en 1830; mais il y a longtemps, vous le savez, que j'ai écrit que Dieu n'avait pas encore dit son dernier mot sur la manière dont un vieux droit finit pour qu'un nouveau droit commence ; Henri V ne doit ni mourir comme le Roi de Rome, ni faire les sottises de sa mère. Nous avons autrefois, dans le *Globe*, mis en présence les trois princes; l'un des trois est mort, mais les deux autres restent; le passé en aurait appelé au duel, à l'assassinat, au poison; de nos jours il faut une transaction noble, loyale, pratique.

» Et quelle plus belle occasion que la situation actuelle de la France, seule contre tous les souverains puissants de l'Europe! N'est-ce pas le moment de se donner la main en amis, en frères?

» Et ne dites pas que ce n'est qu'un rêve, ceux qui rêvent sont ceux qui croient à un retour impossible d'Henri V sur le trône, par droit d'héritage divin, ou ceux qui croient que, pour terminer cette lutte entre le *droit* et le *fait*, il suffit que le droit meure de sa belle mort.

» Non sans doute, il ne reviendra ni par droit de conquête ni par droit de naissance, mais il ne suffit pas qu'il y ait impossibilité de revenir, il faut prévenir toute tentative et détruire tout *espoir;* il faut souffler sur ces paralytiques auxquels nos libéraux prétendent refuser toute valeur et toute puissance, et qui en effet se tiennent en dehors du mouvement social ou le contrarient, mais qui s'appellent encore l'*église* et le *château*, base et sommet de la société ancienne; il faut les faire rentrer dans la voie humaine dont ils s'éloignent avec mépris et fierté, et qui sans eux en effet n'est qu'une route de traverse boueuse et pleine de gâchis; il faut qu'ils viennent à notre *communion*, puisque nous ne voulons plus de la leur; il faut qu'ils nous aident pour l'*ordre*, car nous n'avons que trop d'aide pour la *liberté*.

» C'est parce qu'on serait trop heureux d'une pareille transaction qu'on est porté à la considérer comme un rêve. Mais pourquoi donc croire que la réalité soit seulement le malheur? N'y a-t-il pas eu dans l'humanité, de tout temps, de grandes circonstances heureuses, et ne sont-ce pas les hommes qui les ont prévues et préparées, qui ont été bénis comme des bienfaiteurs? N'est-ce pas déjà beaucoup, dans une crise sociale, de n'avoir pour y parer qu'un seul homme, un seul à convaincre?

» Réfléchissez donc à ceci, voyez sous quelle forme vous pouvez tirer parti de l'idée; la chose est délicate et ne se prête qu'à la parole, et la parole, pour les choses délicates, ne doit s'employer qu'avec une pleine et impérieuse conviction.

» P. Enfantin. »

Le seul homme qu'il y eût à convaincre, pour faire du *rêve* d'Enfantin une *réalité*, était malheureusement de ceux qui ne s'appartiennent pas à eux-mêmes, dont la vie individuelle se confond avec la vie collective des partis qu'ils représentent, et qui croiraient se déshonorer et se suicider moralement, s'ils ne savaient pas vivre et mourir dans leurs convictions héréditaires. Dans la disgrâce diplomatique de la France, Henri V, loin d'y voir une raison de sacrifier ses prétentions, ne pouvait donc trouver, au contraire, qu'un encouragement pour ses espérances. Les embarras de la royauté de juillet, les affronts dont l'Europe l'abreuvait, rendaient naturellement le parti légitimiste plus confiant et plus intraitable que jamais.

Du reste, Enfantin ne s'était pas arrêté longtemps à ce rêve. La marche des événements le remuait profondément; il regrettait de s'éloigner d'Alger et de retourner à Constantine [1], au moment où la France et l'Europe étaient en ébullition. Il se sentait aussi en feu; l'ardeur prophétique le reprenait et l'élevait par-dessus les princes plus ou moins antiques, pour ne lui laisser voir que le peuple nouveau qui devait sortir, par un laborieux

1. Son départ était fixé au 31 octobre.

enfantement, des flancs du *nouveau christianisme.*

Il attendait impatiemment une réponse d'Arlès à sa lettre du 27 septembre. Ne la voyant pas arriver, il reprit la plume qu'il ne quittait que rarement, et il écrivit à cet ami, le 17 octobre :

« Vous n'avez pas répondu à ma lettre du 27, et maintenant il est trop tard, puisque votre réponse à celle-ci ne m'arrivera qu'à Constantine. Je vous demandais : Pouvez-vous faire imprimer ma correspondance avec vous d'Égypte et d'Algérie, avec correction d'épreuves? Puisque vous ne m'en dites rien, c'est que vous ne le croyez pas possible et convenable. Donc, je ne dois *rien* publier, je dois continuer mon métier de commission.

» Mais Rodrigues publie bien, direz-vous peut-être. C'est vrai, et je le reconnais bien là ; un fond superbe, une forme maladroite. Il n'a pas pu y tenir, et cela est beau et bien de relever l'étendard de Saint-Simon dans un tel moment où chacun fait blanc de son épée et agite son drapeau ; mais la forme, le moment opportun, le tact, en un mot, cela manque.

» Duguet m'a violé en imprimant à mon insu ma lettre à Heine, peut-être deviez-vous me violer aussi, je n'en sais rien ; mais ce que je sais, c'est que volontairement je ne publierai rien.....

» Ce n'est pas moi qui dois parler au public de moi. Quand Lamartine, ou Rivet, ou Quinet, ou M. Jayr, ou Brosset, ou M. Delahante en parleront, à la bonne heure. Quand Blanqui s'y mettra, ou Michel, Michel lui-même, ne fût-ce que pour dire que N. l'inspire comme je l'inspirais, à la bonne heure; quand le prince ou M. Boismilon vous diront : faites donc imprimer cela, monsieur Arlès, à la bonne heure encore; quand G. Sand osera dire qui lui a donné *la parole*, fort bien; quand les quinze ou vingt rédacteurs de journaux qui sortent de ma boutique voudront s'entendre et dire : mais bon Dieu, nous connaissons un homme qui mangerait des petits pâtés sur vos têtes et la soupe à bras tendu; parfait! Enfin, quand les femmes auront du courage, les hommes une honnête reconnaissance, tout ira à merveille, et je serai contraint et forcé de me reconnaître un homme comme il faut, mais jusque-là ce n'est pas à moi à dire : je suis noble, j'ai tant de quartiers, voyez mes titres et mon blason. L'article de Rodrigues me prouve qu'il est gravement atteint par la baisse, et qu'il a joué sur son imperturbable foi à la paix. Cet article est plus gros qu'il n'en a l'air; Rodrigues est la *trompette* de Saint-Simon, soyez sûr qu'il va y avoir un réveil *direct* des idées politiques du maître, né il y a quatre-vingts ans, et mort il y a quinze ans. Ma place n'est pas là, du moins *en fait*, je ne serai là que lorsque mon réveil personnel sonnera, mais l'un amène l'autre.

» Le désir que vous avez d'arriver à une réhabilitation *publique* pour moi, vous illusionne donc un peu à l'égard des moyens; tout ce que je vous écris d'Algérie n'est, pour qui sait juger, et par conséquent pour vous, que de la fantaisie à côté de ce que j'ai dit et de ce que je peux dire et faire encore; il m'importe donc peu d'être reconnu pour un bon diseur de bagatelles. Il faut que tout cela mène à comprendre la rue Monsigny et Ménilmontant, voilà toute l'utilité que cela peut, que cela doit *religieusement* avoir; je ne suis pas Thiers, et ne vis pas au jour le jour.

» Depuis deux jours j'ai lu les journaux jusqu'au 10, et je trouve que la partie que Thiers joue contre Guizot et Louis-Philippe, devient assez délicate. MM. Molé et Lamartine, le journal la *Presse* et les *Débats*, vont avoir fort à faire après l'ouverture des chambres; mais tout cela est encore le vieux combat que nous connaissons; c'est toujours le roi règne et Thiers voudrait gouverner; cela ne dit pas ce que doit faire celui qui gouvernera, roi ou Thiers; cela ne met pas au jour une seule idée nouvelle de gouvernement.

» C'est qu'en effet ce n'est pas de l'apparition d'une *idée* que la politique actuelle est grosse, l'idée roule déjà dans le monde; c'est un événement, un *fait* qui va naître, comme 1830 a été un *fait* préparé par l'idée de *haine du passé* qui roulait à travers la Restauration. De même aujourd'hui il y a un *fait* préparé par l'idée de *recherche d'avenir*, qui va surgir; depuis 1830, c'est cette *aspiration vers l'avenir* qui a caractérisé le mouvement intime, profond, réel, et non apparent et officiel de la société, c'est ce désir de *neuf*, et non la haine du *vieux* qui va éclater; si le duc d'Orléans ne monte pas à l'assaut, s'il ne prouve pas que lui aussi est *de ce temps* et *qu'il* a le sentiment du *neuf*, ENCORE UNE DYNASTIE DE NOYÉE.

» Nous marchons vers un règne de *jeunesse*, il arrivera *forcément* ou par cession volontaire; voilà vingt-cinq ans que nous vivons sous le gouvernement des pères et grands-pères des hommes qui ont eux-mêmes vingt-cinq ans aujourd'hui, et surtout sous l'empire des principes politiques de ces pères et grands-pères; ils n'ont su que *restaurer* ou *démolir* le passé, et la génération actuelle a besoin de *fonder*, de *construire* un édifice nouveau; elle a besoin même de discuter le plan de cet édifice, de lutter contre ou pour tel ou tel *avenir*, d'agir pour ou contre *lui*, mais enfin d'agir en vue de *lui*.

» Je le répète, si le duc d'Orléans n'est pas à la brèche, s'il *attend* qu'on lui donne une armée à commander, si comme prince, comme pair, comme *citoyen*, il ne se montre pas tel qu'il s'est montré comme soldat, s'il n'est que général, *ils sont* perdus.

» Adieu, cher ami, je vous le dis encore une fois, l'Afrique est lourde quand la France se trouve dans une tempête comme celle-ci.

» P. Enfantin. »

Le 26 octobre, Enfantin reprend la parole pour ajouter un mot à son jugement sur l'inefficacité de l'empirisme qui épuise et abaisse la France ; il dit à Arlès :

« J'ai lu Thiers à Palmerston, c'est en effet fort adroit comme politique d'empêchement, comme barrière entre l'Occident et l'Orient ; c'est raisonné comme si la seule chose intéressante pour l'Europe était que l'Europe restât chez elle ; or elle n'y peut plus tenir ; exemple Alger. L'adresse de Thiers est donc en pure perte, ou plutôt elle fausse les esprits français et n'empêchera aucun des actes du reste de l'Europe.

» La nouvelle tentative d'assassinat est très-naturelle, mais ce qui est presque surnaturel, c'est que le roi y échappe encore.

» Arago à Toulouse a dit beaucoup de sottises, mais aussi de bonnes choses; il est revenu sur sa réforme *moyen* et l'organisation du travail *but;* et il a dit que Turgot avait mal fait de *détruire* les maîtrises, qu'il aurait dû seulement les *améliorer.* Cet homme a donc dans la pensée une assez bonne partie de notre affaire, pour qu'il puisse devenir utile, lui qui n'est que dangereux tant que le gouvernement n'aborde pas lui-même l'organisation du travail. Mais comment faire pour que celui-ci y arrive! Est-ce qu'Arago aurait raison, est-ce qu'il faut la réforme, c'est-à-dire retourner l'omelette comme disait Saint-Simon, mettre le dessus dessous, et le dessous dessus? Je ne le crois pas encore, mais si l'on tarde, j'y croirai.....

» Le mémoire envoyé par mon collègue Carette a été plus heureux que le mien; M. Laurence a écrit de sa main une lettre fort élogieuse qui montre qu'il a compris et approuvé tout ce travail qui est fort bon. Il annonce qu'il le réserve pour la publication annuelle du ministère sur l'Algérie. C'est, pour l'histoire de la colonisation romaine, la même pensée que celle qui a dicté ma lettre à Blanqui : *Est* et *Ouest*, *paix* et *guerre*, *culture* et *combats*, *colonies* et *camps* ou *forts*. Blanqui m'a expliqué mon insuccès ministériel, en me disant que depuis son rapport il était traité en paria au ministère. J'ai donné dans le panneau, mais je n'en suis pas fâché.

» P. Enfantin. »

Deux jours après, Enfantin poursuit son active correspondance avec son ami de Lyon; il lui dit :

« 28 octobre 1840.

» Mon cher Arlès, je viens de lire dans la *Presse* du 10 la préface de Lamartine; c'est superbe presque partout, c'est admirable dans la seconde partie, lorsqu'il dit ce que ne devait pas être et ce que devait être la politique intérieure de la France; c'est grand et noble toujours. Au milieu des tristesses que nous apportent les nouvelles de l'état de la France, cela réjouit le cœur de lire ces belles pages, et cela donne espoir. Comme je vous l'écrivais en vous parlant des jérémiades de Quinet, la France sent le cadavre, mais elle sent aussi le lait de l'enfance; elle finit sa mort, mais elle recommence sa vie, et Lamartine parle comme ses prophètes doivent parler, il ne pleure pas sur nous et ne nous lance pas l'anathème, il ouvre l'avenir et nous appelle à y entrer. — Quel mémorandum à côté de celui de Thiers !

» Et pourtant vous savez qu'il y a une chose qui me laisse encore un désir dans l'âme, chaque fois que j'écoute Lamartine parler de l'Orient. Comment un Français, un chrétien, un prophète de l'humanité entière, peut-il si souvent s'irriter devant cette idée que l'empire ottoman se meurt, que l'islamisme pousse son dernier soupir, sans se retourner sur lui-même et dire : Moi aussi, Français, j'ai vu tomber la noblesse et crouler les trônes, moi aussi, chrétien, j'ai vu et je vois Rome épuisée, l'Église brisée et muette, et le successeur de saint Pierre plus blême encore que le successeur du prophète. La France, fille aînée de l'Église, depuis 1770 aussi, n'a-t-elle pas incliné sa tête vers la tombe, plus profondément et plus bas que la tige d'Osman? Cet enfant, fils de Mahmoud, n'est-il pas encore plus roi que Louis-Philippe, que les reines d'Espagne, de Portugal, et même que la jeune reine d'Angleterre?

» C'est qu'il y a en Orient, comme chez nous, une mort qui finit, mais aussi une vie qui recommence, un germe qui fermente ; il y a pour l'Orient un avenir *propre à l'Orient*, et non un avenir que nous lui ferions à notre guise, et surtout que nous lui ferions avec l'élément le plus vieux qu'il renferme dans son sein, avec des Juifs, des chrétiens de mille sectes, des Syriens en un mot.

» Certes, je suis loin de dire que notre contact n'est pas nécessaire à cet enfantement d'une vie nouvelle en Orient, mais c'est qu'il faut que nous touchions aussi l'Orient pour que nous-mêmes nous voyions grandir et s'épanouir cette vie nouvelle qui est en nous; car le signe de cette nouvelle vie, pour chacun de ces deux mondes, est précisément le symbole d'*union* de ces deux mondes, leur commune *Religion*.

» Que la race d'Osman finisse comme celle des Capet; que l'empire turc se démembre comme a été démembré l'empire de Charlemagne; que l'islamisme turc, persan et marocain se divise encore en wahabites, en sectateurs de Méhémet-Ali et en sectateurs d'Abd-el-Kader, comme le christianisme romain et grec a eu ses milliers de sectes, est-ce à dire que les populations de l'Islam vont disparaître? Le monde chrétien vit bien encore. Est-ce à dire que ces populations sont à notre merci, et se livreront en pâture? Mais la même raison, notre mort à nous-mêmes, leur donnerait droit de dévorer notre cadavre; et c'est ce que fait Abd-el-Kader, c'est peut-être ce que font Ibrahim et Soliman à cette heure; c'est peut-être, Dieu nous en préserve, ce que font les musulmans égyptiens avec les chrétiens du Caire et d'Alexandrie; Méhémet-Ali a encore dans son arsenal la dernière raison de l'Islam, la guerre sainte.

» Pourquoi faut-il que Lamartine soit encore de ces chrétiens présomptueux qui disposent des nations de l'Orient comme les traités de 1815 ont disposé des peuples d'Occident, qui les partagent et les parquent comme du bétail?

» Et d'ailleurs, maintenant que cet *aimône syrien* nous est échappé, maintenant que la question s'est terriblement compliquée, que faut-il que fasse la France? J'ai cherché inutilement dans la préface réponse à cette question.

» C'est qu'avec la conviction de la mort de la race turque, et de la nullité de ce pacha d'*une petite province turque*, il n'y a pas d'autre solution possible que celle-ci : Constantinople sera la troisième capitale de l'empire russe ; l'Égypte et la Syrie seront colonies anglaises, et avant peu Tripoli et Tunis seront colonies autrichiennes; et nous avons l'Algérie.

» Il est très-possible en effet que ce plan de *partage* soit celui de plusieurs diplomates, et, à vrai dire, partage pour partage, j'aimerais mieux Tunis pour la France que la Syrie, sur laquelle les Autrichiens auraient au moins autant de droits que nous, j'aimerais mieux Tunis, en supposant que nous gardassions Constantine et Alger; et je compléterais l'envahissement européen, en faisant à l'Espagne le triste cadeau de son vieil Oran.

» Mais tout cela n'est pas œuvre du XIXe siècle, c'est de la politique romaine ou plutôt vandale, c'est une diplomatie de patriciens à l'égard des esclaves, c'est au-dessous même de la conquête d'Amérique, et grâce à Dieu nous sommes moins chrétiens que Pizarre, et nous n'égorgerons pas les peaux noires, comme les chrétiens d'Amérique, pendant trois siècles, ont égorgé les peaux rouges, un crucifix à la main.

» Esprit de *conquête*, quand donc céderas-tu la place à l'esprit d'*association?*

» Et quels sont donc ces Européens qui croient en conscience porter à l'Orient une foi meilleure que la sienne, un ordre social meilleur que le sien, une morale plus pure que la sienne? Que croient-ils eux-mêmes, à qui obéissent-ils et qui leur obéit? dans quel tas d'ordure cachent-ils leur morale? Le temps des Godefroy et des Richard n'est plus! à quoi voulons-nous *convertir* les infidèles? Rome se tait, le pape ne parle qu'à peine à *la ville* et ne dit plus rien à *l'univers*.

» Je vous l'ai déjà dit : si toute la chrétienté avait voulu s'entendre pour faire cesser la piraterie, nous jouirions du double bonheur de n'avoir ni la piraterie ni l'Algérie. Et de même si toute la chrétienté avait voulu un canal gigantesque à Suez et un autre vers l'Euphrate, elle l'aurait; et si elle avait voulu couvrir l'Asie-Mineure d'un réseau de chemins de fer, rattachant Smyrne et Constantinople à Bagdad, à Ispahan, à Calcutta et jusqu'à Pékin, le sultan aurait dit : « Faites. » A quoi sert donc de *prendre?* Alger est là, vous pouvez voir ce qu'il pèse; jamais Barberousse n'a été si lourd aux chrétiens qu'Abd-el-Kader.

» Mais pour cela il aurait fallu poser la question orientale dans ses véritables termes, il n'aurait pas fallu essayer d'endormir la Russie et l'Angleterre, et l'Occident tout entier, qui tend vers l'Orient par un babil plus ou moins adroit sur les différends de Méhémet-Ali et du sultan : il était inutile de parler d'hérédité d'Égypte, de viager de Syrie, d'Adana et des villes saintes; ce n'était pas là la question pour l'Europe. Ce dont il s'agissait, pour l'Europe, dans la question d'Orient, et où était surtout l'affaire de la France et de l'Autriche, c'était de savoir quelle espèce de *prédominance* la Russie aurait sur la mer Noire, sur Constantinople et sur l'Asie-Mineure et quelle espèce de *prédominance* l'Angleterre aurait sur l'Égypte et la Syrie, de telle sorte que ces prédominances instinctives, naturelles, inévitables, voulues de Dieu pour l'avénement et le bonheur du monde, ne fussent ni *exclusives* ni *monopolisantes*. La Russie et l'Angleterre ont écouté pendant dix années, puis lasses d'écouter elles ont marché où Pierre le Grand et Napoléon savaient qu'elles marcheraient; M. Thiers l'a écrit comme historien, il l'a oublié comme ministre, et M. de Metternich suit le mouvement, et nous... nous regardons.

» Et pourtant notre piteuse position dans cette grande crise humanitaire a son beau côté. Non-seulement je préfère notre isolement, notre inaction, à l'occupation de cet Ancône syrien, mais je me réjouis de nous voir en dehors de ces procédés brutaux que les grandes nations d'Europe emploient contre le plus grand homme d'Orient, contre les deux peuples les plus illustrés par l'histoire, contre le pays de Memphis et celui de Jérusalem, et il me semble que Dieu et l'humanité sauront gré un jour à la France de s'être abstenue; et au contraire, dès aujourd'hui, quelle immense responsabilité pèse sur l'Angleterre et sur la Russie! Certes, je déplorerais que la grande marche de l'Occident vers l'Orient commençât sans nous, si elle ne commençait pas aussi mal, mais il me semble que le moment n'est pas éloigné où précisément parce qu'on nous a dédaignés et délaissés à l'arrière-garde, nous aurons à remplir dignement le rôle qu'ironiquement lord Palmerston nous assigne à la fin de son mémorandum ; l'Orient et l'Occident auront tôt ou tard un arbitrage à faire, la France seule aura le droit de le faire. — P. ENFANTIN. »

Le 30 octobre, à la veille de quitter Alger, Enfantin éprouve le désir de redire les vives impressions qu'il reçoit à chaque arrivage des nouvelles d'Europe, et cette fois, c'est à un vieux soldat, au général Saint-Cyr, son parent et son ami, serviteur dévoué de la monarchie de Juillet, qu'il confie ses remarques, ses prévisions, ses craintes :

« Les courriers de France deviennent en ce moment d'un intérêt si vif que mon départ d'Alger m'en paraît moins agréable encore, il nous faudra maintenant trois semaines et un mois avant d'avoir des nouvelles de ces grandes affaires qui occupent en ce moment le monde et qui ont placé la France dans la position la plus critique où elle se soit trouvée depuis 1791 ; seule en Europe et désunie dans son intérieur.

» Contre mon ordinaire, je vois aujourd'hui en noir mes propres affaires et celles de la France, mais vraiment ces dernières sont si mauvaises aujourd'hui que mon optimisme habituel en a été fortement ébranlé. Ce cinquième assassinat, dans des circonstances aussi critiques, jette encore une teinte plus sombre sur nous. Quelle vie que celle de la reine, du roi, de toute cette belle famille au milieu d'un peuple qui ne respecte plus rien, ne croit à rien et qui s'agite dans un désordre qu'il prétend ordre ! Quelle souveraineté royale, à côté de cette fameuse souveraineté populaire ! Comme nous portons les blessures qui nous ont été faites par les armes révolutionnaires que nous avons employées en 93 contre le passé, et sous la Restauration contre les Bourbons ! Il n'y a pas un portefaix qui ne se croie un Robespierre, un Danton, ou bien au moins un Benjamin Constant ou un Foy. Eux aussi prétendent qu'ils ont une royauté et une noblesse à détruire ; eux aussi veulent des *États généraux* et se disent le *tiers état* de nos jours ; eux aussi ont pris en haine une famille et trouvent des Louvel prêts à l'assassinat.

» Nous touchons à un de ces grands moments fréquents dans notre histoire, où les révolutions se font, ou bien où elles avortent, parce qu'une forte pensée d'avenir leur manque ou s'en empare ; si rien ne vient transformer la haine *pour ce qui est* en une passion vive pour *ce qui devrait être ;* si les hommes qui ne songent qu'à *détruire le passé* ne sont pas entraînés à *construire l'avenir*, si le duc d'Orléans en un mot ne se fait pas aimer par les ennemis de son père, c'en est fait de la dynastie. Ce qui est une tactique constante en Angleterre est une indispensable nécessité en ce moment en France. Le prince royal anglais a toujours été le chef de l'opposition; et ce qui a fait grandir démesurément M. Thiers, c'est qu'il n'y avait pas entre le roi et lui, et plus haut que lui dans l'affection du roi et dans la considération du peuple et des étrangers, un représentant de l'opposition; c'est qu'entre le roi et son successeur, à eux deux, ils ne s'emparaient pas de la direction générale des esprits, des partisans de l'ordre et de la liberté, de la vieillesse et de la jeunesse, de la pairie et des députés, des hommes qui possèdent et de ceux qui veulent acquérir, de la bourgeoisie et du peuple. Et n'est-ce pas parce que le roi Louis-Philippe était l'opposition de Charles X que la révolution de 1830 n'a duré que trois jours?

» Je sens, mon cher Saint-Cyr, que parmi toutes les choses que je te dis ici, il en est plusieurs que tu pourras désapprouver, qui te feront de la peine et qui d'abord te déplairont au point peut-être de t'indisposer contre moi. Mais tu pardonneras vite, j'espère, en songeant que cette crise où nous sommes doit m'agiter comme elle agite tous les cœurs vraiment français ; j'obéis en t'écrivant ainsi à une impulsion de conscience et de devoir ; je tremble comme toi, certainement, pour la France ; je la sens humiliée parce que sa désunion, son anarchie la rend faible ; j'aime aussi comme toi le Roi, sa belle et bonne famille, ce prince qui a osé me protéger devant le monde, et je tremble aussi pour eux tous. J'ai peur des étrangers pour la France ; et je rêve au moyen de conjurer l'orage. »

Enfantin partit d'Alger le 1er novembre ; pendant les deux mois qui vont suivre, ou pour mieux dire pendant tout le temps que durera son séjour en Afrique, il continuera de s'occuper de la colonisation de l'Algérie dans sa correspondance [1] avec Arlès, Blanqui, le général Létang, etc. Mais la France, si tourmentée par les querelles politiques du dedans et du dehors, venait d'éprouver le fléau des inondations. Une pluie diluvienne, qui avait duré près de deux mois, avait causé d'immenses désastres et consterné jusqu'aux esprits forts. Arlès n'avait pas manqué de peindre cette situation désolante à Enfantin qui lui répondit, le 18 novembre, de Bone :

1. Cette correspondance sera publiée en entier.

« J'ai votre lettre du 6, mon cher ami ; la Saône et le Rhône sont des ruisseaux à côté des torrents humains qui grondent, et pourtant ces ruisseaux renversent tout sur leur passage ; que sera-ce donc, à la fonte des neiges qui couvrent les vieilles cimes de notre société ; que sera-ce, lorsque les tempêtes seront déchaînées et que des pluies d'orage viendront grossir les moindres affluents du grand fleuve? Certes Guizot et Soult sont taillés dans le roc, mais ce ne sont pas des digues pour *contenir* et *maintenir* qu'il faut aujourd'hui, ce sont des berges *dans la direction*, fussent-elles de terre, pourvu qu'elles soient assez hautes. En d'autres temps cette dévastation des fleuves, rapprochée d'un état politique comme le nôtre, aurait suffi pour faire crier aux prophètes : voici la fin du monde, Dieu brise le sixième sceau ! et les prophètes auraient eu à moitié raison. C'est à une mort et à un enfantement que nous assistons, et la combinaison de ces deux grandes crises humaines, pleines de douleurs, donne au spectacle que nous avons sous les yeux, une tristesse solennelle, malgré l'espérance qu'il renferme, malgré l'avenir qu'il annonce et prépare. Les personnes que j'aime, et qui m'écrivent qu'elles sont inquiètes sur moi en Algérie, je leur renvoie mon inquiétude sur elles-mêmes, plus légitime que la leur, car les Arabes je peux les éviter, la maladie même, avec un régime sain et sage, n'est pas plus à craindre ici qu'ailleurs; mais qui évitera le torrent, et quelle hygiène garantira de son atteinte?

» Cette demi-victoire parlementaire qui élève Sauzet et abaisse Barrot, nouvelle oscillation de la bascule politique, va faire illusion encore une fois au parti auquel il serait si intéressant d'ouvrir les yeux, pour qu'il vît enfin la vérité, pour qu'il pût lui-même changer son nom de *conservateur* et se proclamer hautement rénovateur.

» Plus que jamais ce que je vous écrivais sur le rôle que devaient prendre les défenseurs de l'*ordre* est évident; ils sont perdus s'ils ne ravissent pas la *popularité* aux partisans de la *liberté;* ils sont perdus s'ils se bornent à *résister*. Ne savent-ils donc pas que le Français est incomparable pour l'attaque et qu'il est bien moins brillant à la défense? Enlevez l'avenir à la baïonnette; point de retraite vers le passé, même le passé d'hier, marchons.

» Heureusement, comme je vous l'ai écrit aussi, dans notre politique à bascule les hommes qui arrivent au pouvoir sont souvent entraînés à faire le contraire de ce qu'on attendait d'eux, c'est-à-dire précisément ce qu'on attendait de leurs prédécesseurs et que ceux-ci n'ont pas pu faire, parce que les suites de leur tendance connue épouvantaient. Il est donc possible que le résistant Guizot ne fasse pas de la résistance, de même que M. Thiers a enterré la question des rentes, ajourné indéfiniment la réforme électorale, brisé l'alliance anglaise, rétabli des journaux soldés, et fait une foule d'actes contraires à ceux qu'attendaient de lui ceux qui lui avaient donné sa quasi-dictature.

» Mais aujourd'hui il faut plus que des actes involontaires qui jurent avec le caractère réel des hommes du pouvoir; il faut sentir et vouloir ce qu'on fait; il faut avoir toute son âme à son œuvre, et l'âme de M. Guizot a bien une assez haute intelligence du passé, mais elle ignore l'avenir, et lui encore n'y marchera que contraint et forcé.

» C'est donc en dehors de ce nouveau ministère qu'il faut chercher les hommes auxquels ce ministère lui-même obéira, qui le maîtriseront et l'entraîneront dans une route contraire à sa nature.

» Le ministère, c'est encore une phase du régime social né de 1830; c'est encore un rouage de cette grande machine qui fait des discours de tribune et des articles de journaux; c'est un des deux mouvements de ce balancier qui tantôt *laisse faire* et tantôt *empêche de faire*, mais qui ne *fait rien*, surtout ne *fait rien dire* volontairement.

» Or, ce mécanisme est bien fatigué et bien usé depuis 1830; nous sommes en présence d'un effort à accomplir qui dépasse sa puissance; c'est donc encore, à mon avis, un ministère plus transitoire que tous ceux que nous avons eus depuis 1830 ; en un mot, c'est presque un ministère Polignac, dernier terme d'une forme de gouvernement, qui a accompli sa tâche.

» Que Dieu nous préserve des autres conséquences de cette analogie; ne renouvelons pas la crise de 1830; je vous dis dans ma dernière lettre comment l'éviter.

» Adieu. Tout à vous. — P. ENFANTIN. »

Le lendemain de l'installation du ministère Polignac, le 15 août 1829, le saint-simonisme avait fait pressentir, dans le premier numéro de *l'Organisateur*, la crise décisive qui devait prochainement emporter les Bourbons de la branche aînée. Ici le saint-simonisme, par la bouche d'Enfantin, si bien disposé d'ailleurs personnellement pour les princes de la branche cadette, prédit que M. Guizot sera le Polignac de cette branche. Tant que le problème social qui agite la société moderne ne deviendra pas l'objet principal de la sollicitude et de la prévoyance des pouvoirs politiques, nulle stabilité ne sera possible pour ces pouvoirs. Telle était la pensée constante du chef des saint-simoniens, en qui elle s'appuyait sur une pensée religieuse, pensée dominante politiquement à la même époque chez Robert Peel, d'après M. Guizot lui-même, et qu'Enfantin s'efforçait vainement, à son très-grand regret, de faire partager aux membres d'une dynastie dont le règne lui était d'ailleurs sympathique.

Mais quelles que fussent les difficultés à vaincre pour déterminer les puissants du jour à aborder les questions sociales qui portaient en elles les germes de l'avenir de la France et du monde, Enfantin n'en persistait pas moins à recommander à ses disciples, à Arlès surtout, la pratique persévérante de l'apostolat royal vis-à-vis même des princes dont il déplorait le déclin et dont on pouvait prévoir la chute, comme conséquences inévitables de leur aveuglement ou de leur impuissance. Le 23 décembre, il écrivait à Arlès :

« Bone, 23 décembre 1840

« Vous me permettrez de vous dire, mon cher Arlès, que je ne vous comprends pas bien. Vous m'envoyez deux lettres de Michel et de Rivet, et même une de M. Boismilon, dont je tire d'autres conséquences que vous. Celle de Rivet vous annonce que tout lien entre Thiers et les conservateurs est rompu; donc le parti des conservateurs est obligé d'arriver promptement à une règle de conduite autre qu'une ridicule balance entre l'ordre et la liberté. Michel vous dit : On s'apercevra que la maison est en ruines lorsqu'elle nous sera tombée sur la tête; enfin M. Boismilon vous parle de la mobilité fébrile de M. Thiers, et vous concluez de tout cela qu'il faut se croiser les bras et regarder faire le fiévreux, laisser tomber la maison en ruines et le parti conservateur en eau de boudin. Vous concluez, quant à moi, que non-seulement aujourd'hui je n'ai rien à publier, mais que je n'ai même rien à dire, dans le creux de l'oreille, au seul homme qui, si tout n'est pas bousculé avant peu, pourrait aider à poser quelques fondements de la maison nouvelle.

» J'espère qu'en recevant les deux longues lettres d'aujourd'hui, vous modifierez votre pensée; toutes deux sentaient d'avance les trois lettres que vous m'envoyez, Rivet pour les prud'hommes et pour M. Thiers, Michel et M. Boismilon pour M. Thiers et pour la question de politique générale. Qu'entendez-vous par : Je me tiendrai sur la plus grande réserve? de quoi avez-vous peur? Que le prince ne fasse de mes lettres des torche-éperons? Mais d'abord ce ne serait pas la première fois que cela me serait arrivé; sauf M. de Metternich peut-être, je suis bien sûr que les princes et rois auxquels nous avons envoyé quelquefois *le Globe*, en ont fait mieux que cela. Si mes lettres éprouvent ce sort de la part du prince, c'est que le prince lui-même tiendrait à devenir porte-coton de la république, ou garde consulaire de M. Thiers, ou camarade d'Henri V ; or il faut vite s'assurer de la chose, et vous devriez plutôt risquer de faire dire au prince : « Vous m'embêtez avec vos lettres du Pape saint-simonien, » que de vous tenir sur la réserve jusqu'à ce qu'il vous écrive de sa main presque royale : « Faites-moi le plaisir et l'honneur de m'envoyer encore une de ces admirables prophéties que votre ami fait si bien. »

» Mes deux lettres d'aujourd'hui sont copiées; ainsi à la rigueur vous pourriez les envoyer sans qu'Holstein en prît préalablement copie, quoique la première soit bien raturée et que j'aimasse mieux qu'il la remît au net. Quant à la seconde, je crois qu'elle serait mieux à sa place présentée ou lue par vous, tête-à-tête, si vous alliez à Paris, à moins que, comme je le crois très-fermement, Thiers ne mène les affaires d'un tel train qu'il faille se presser.

» Songez qu'en ce moment nous devons nous considérer tous comme des hommes qui, sur le bord d'un fleuve, voient des enfants qui se noient, et que, pour peu qu'on sache nager, il faut se jeter à l'eau. Je regrette beaucoup que ma lettre du 1er octobre, sur les fortifications de Paris, soit allée vous chercher au diable ; j'espère mieux pour celle que je vous ai adressée dernièrement à Montpellier. »

» P. ENFANTIN. »

XXXVIII

(1841)

La préoccupation prédominante en ce moment dans Enfantin était donc toujours l'action à exercer sur l'héritier présomptif de la puissance souveraine. Il voulait pousser jusqu'au bout l'*apostolat princier*. Dès les premiers jours de janvier il écrit à Arlès, qui, malgré sa lettre récente au duc d'Orléans lui semble ne pas entrer suffisamment dans ses vues, et il se plaint à lui de n'en être pas assez largement compris. « Vous êtes encore plus artiste que je ne pensais, lui dit-il; je croyais que vous sentiriez ce que veut dire une chose *poussée jusqu'au bout*, et il paraît que vous ne connaissez pas cela. Vous n'êtes pas entêté, têtu, comme il le faut, pour comprendre ce que signifie *jusqu'au bout.* L'apostolat princier jusqu'au bout, c'est comme l'apostolat prolétaire jusqu'à la prison, quand bien même il y aurait plus que la prison au bout de l'apostolat princier. Or, voici que parce que vous pensez que les princes seront enfoncés, vous avez cru qu'il n'y avait plus à s'en occuper, et voilà — pourquoi nous ne nous sommes plus compris, ni vous moi, ni moi vous.....

» Encore une fois, *apostolat princier jusqu'au bout,* dussé-je aller à Gand comme Guizot et à la lanterne comme les émigrés. — Adieu, persévérance est la première vertu *apostolique* après la foi. »

Si le disciple n'avait pas compris d'abord le mot du maître, il était digne de le comprendre et de le traduire en acte. Les deux lettres d'Enfantin furent transmises sans retard au duc d'Orléans, avec ces quelques lignes :

« Bordeaux, 21 janvier 1841.

» Monseigneur,

» Au risque de passer à vos yeux pour un monomane, j'envoie à V. A. R. deux lettres que je reçois de mon ami Enfantin. Je ne veux pas examiner si la *question du travail* peut être abordée comme il l'entend ; mais convaincu comme lui, qu'elle sera l'œuvre capitale de votre règne, et persuadé que vous *voulez, saurez* et *pourrez* l'entreprendre et l'accomplir, je crois remplir un devoir en vous soumettant dans *toute* leur originalité les réflexions du penseur le plus profond et le plus moral que je connaisse. »

Arlès répondit ensuite à M. de Boismilon :

« Lyon, février 1841.

» A mon retour d'un voyage dans le midi, je trouve ici votre excellente lettre du 14 janvier. Je vois avec une vive joie que le prince tient à lire sérieusement les lettres de mon ami; je craignais qu'accablé par les fastidieuses occupations d'un prince *parlementaire*, il n'en trouvât pas le temps, et je pensais que son obligeante invitation de continuer mes communications était un peu *eau bénite* de cour jetée à un homme qu'on estime et dont on veut ménager ce que l'on croit sa *manie*.

» Vous, Monsieur, qui êtes un homme de cœur et de dévouement, vous comprendrez l'insistance opiniâtre que je mets à saisir l'homme de France auquel je crois le plus grand avenir, des idées de l'homme du monde auquel je crois le plus de portée.

» Puisque vous trouvez intérêt à ces lettres, je vous en envoie trois tout à fait intimes, trop intimes pour être communiquées au prince. Conservez-les-moi soigneusement, ainsi que les quatre que j'ai pris la liberté d'envoyer au duc.

» Dans le cours de mon voyage, j'ai vu avec douleur combien la presse et la tribune égarent et faussent l'opinion sur les choses et sur les hommes, et relativement au duc d'Orléans surtout, c'est révoltant ! Il est prince, donc il doit être incapable, mou, avare, ils n'osent pas dire lâche : ils ont vu tout le contraire en tout et par tout, n'importe, les oracles arrangent, changent, dénaturent tout. Le trône est comme un pestiféré, et chose étourdissante, la classe bourgeoise fait chorus ! Elle n'obéit plus qu'à la peur, triste stimulant pour faire de grandes choses ou en prévenir de mauvaises ! En vérité je me prends quelquefois à croire qu'il faudra, comme en homœopathie, agiter fortement la bouteille pour en faire sortir un médicament efficace.

» Les occupations militaires du prince me peineraient vivement si je ne comprenais qu'il faut ménager l'armée plus que jamais, et que si M. Thiers y était en aussi bonne odeur que le prince, l'*omelette* serait bientôt retournée ; mais je serais heureux si, tout en sacrifiant aux exigences du présent, il pouvait préparer l'avenir en s'occupant un peu du travail et de l'ouvrier. — ARLÈS-DUFOUR »

Cependant Enfantin au milieu de ses courses incessantes à travers l'Algérie et de ses déplacements continuels, ne s'occupait pas seulement avec la même activité de sa haute et féconde correspondance et de sa mission scientifique ; ces travaux de natures diverses et qui offraient tous un grand intérêt d'actualité laissaient encore à son esprit puissant et infatigable le temps de fouiller dans les ruines du passé, pour y trouver des traces des évolutions palingénésiques de l'humanité, et pour en tirer des éclaircissements sur le présent et des indications pour l'avenir. Le 25 avril 1841, il écrivait de Constantine à Arlès : « Je continue un travail d'étude pour l'époque des XVe et XVIe siècles, vivant avec les grands hommes et les grands événements de ce temps, à défaut de grands hommes et de grands événements pour aujourd'hui. »

En ce moment, Arlès continuait de remplir les vues de son ami et pressait ses communications au duc d'Orléans pour amener ce prince à appeler Enfantin en France. C'était ce qu'Enfanfantin lui-même désirait et attendait; mais il aurait voulu que ce désir restât inexprimé et que l'appel du prince fût spontané. « Je croyais, écrivait-il à Arlès, le 14 juin, que vous vous entendriez avec Saint-Cyr, et que vous ne feriez rien d'ailleurs tant que vous n'auriez pas la lettre promise par Boismilon, et que ce ne serait pas moi qui demanderais à être appelé, tandis que maintenant c'est réellement moi, puisque votre lettre est envoyée. Vous avez pensé autrement, Allah-Kérim! j'ai grande foi en Dieu, et aussi en vous.

» Si le résultat de votre démarche, ajoutait Enfantin, ne vous paraît pas bon d'abord, n'allez pas vous en désoler, soyez certain que j'en tirerai parti. Lorsqu'un de mes désirs ne se réalise pas, vous savez fort bien que cela m'indique de suite que c'est un nouveau désir que je dois former. Ma vie a toujours été ainsi; mes insuccès ne m'ont jamais dérouté. Saint-Simon disait : « J'ai eu dans le champ des découvertes l'action de la marée montante, ma force ascendante l'a toujours emporté sur la force opposée, » j'en dis autant pour moi. Dans cette grande mer de la vie, mes désirs ont toujours dominé mes regrets, et je crois que le jour où il n'en sera plus ainsi, c'est que j'aurai accompli ma carrière. — P. ENFANTIN. »

La réponse attendue n'arrivant pas, Arlès avait songé à la demande d'un congé qu'Enfantin serait venu passer dans le Dauphiné. Le maître n'adoptait pas ce mode de rentrée en France comme plus prompt que celui de l'appel. « Vous me parlez d'un congé pour Curson, dit-il à Arlès (lettre d'Alger, du 26 juin 1841), comme de la chose la plus facile du monde, tandis qu'elle est peut-être plus difficile que l'autre forme, par la raison que le congé dépend autant de moi que l'appel dépend d'un autre, et que je ne VEUX pas plus de congé que l'autre N'OSE l'appel. Je ne suis ni étonné, ni même fâché ou trop inquiet du silence, la chose méritait réflexion. Je suis fâché seulement que Saint-Cyr ne soit pas à Paris ou qu'il n'ait pas trouvé le moyen d'écrire de Curson, afin de reproduire à sa façon le sentiment qui lui fait désirer que je vienne en France......

» J'avais la superstition de croire que votre lettre, qui arriverait le 25 m'apporterait une solution; pas du tout — j'aime au reste beaucoup mieux un long silence qu'une prompte *blague*, dont j'avais un peu peur. Comme le Prince ne peut pas faire cet appel à lui tout seul, ni directement, il est tout simple, s'il le désire, qu'il le prépare, et par conséquent qu'il y ait retard. J'espère que c'est là l'explication du silence; si au contraire c'était le *jusqu'au bout* dont je vous ai parlé dans le temps, nous nous retournerions vers un autre bout.

» Le général Bugeaud sera de retour vers le 1er

juillet. Si alors je n'ai pas encore de réponse, je ferai un plan de campagne pour utiliser mon séjour en Algérie; mais peut-être faudra-t-il que je m'y fasse marchand d'allumettes ou de cigares; ce sont les articles qui vont le mieux jusqu'ici dans ce pays.......

» B. M. n'a pas pu vous écrire : — Votre ami ferait bien de revenir se reposer dans ce pays — depuis qu'il a vu que je ne voulais pas *demander à me reposer*, et que je désirais au contraire qu'on *m'appelât pour travailler*. Il me semble que je dois rester dans cette ligne, et que l'autre n'est pas du tout convenable, même si le Prince me la faisait conseiller.

» Le *Rhin* de Lamartine est un très-bon sentiment; c'est une religieuse pensée, habillée politiquement et poétiquement de coupons pris au métier sur pièces commencées qui s'ajustent mal. Cet homme *sent* l'avenir mais ne le *voit* pas, et pourtant il me semble qu'il a de beaux yeux.

» P. ENFANTIN. »

Lamartine sentait l'avenir sans le voir, le prince royal, très-probablement, ne le voyait ni ne le sentait, ou du moins n'était pas en position de mettre à profit les bonnes dispositions de l'homme qui pouvait le mieux le lui faire sentir et voir. Le 4 juillet Enfantin écrivait d'Alger à Arlès : « Je suis décidément en vacance, quoique je n'aie pas de congé et ne sois pas appelé. — Je ne fais plus rien du tout. » Il ajoutait :

« Alger, 4 juillet 1841.

» J'ai votre lettre du 27 juin. Votre vigoureuse boutade contre l'héritage m'a paru fort curieuse, parce que, depuis quelque temps, je réfléchis beaucoup à cette question, sous le point de vue où vous l'envisagez. Il est donc entendu qu'aussitôt après le premier quine commercial que vous gagnerez, l'agitateur O'Connell sera votre patron De mon côté, j'attendrai pour cela de gagner un quine politique ou scientifique, mais je n'ai pas encore un extrait. Nous avons donc probablement du temps devant nous avant de revoir nos amis les prolétaires, et avant de prier Jean Reynaud de recommencer aux Broteaux sa séance sur la propriété. Je suis curieux de voir comment Michel se tirera de la question à son cours d'économie; les fouriéristes l'attendent là, et je crois qu'il tournera la difficulté, quoique ce soit certes plus difficile que de l'aborder, mais Michel ne craint pas les difficultés.

» A propos du fouriérisme, il prend, ce me

semble, quelque consistance, et s'approche assez de son fameux essai pratique. Je m'étonne toujours que le nombre et la qualité des hommes qu'il a acquis ne lui aient pas permis encore de faire cette tentative, ou plutôt je comprends bien que la foi qu'il inspire ne détermine pas d'assez grands *aventuriers* à risquer tout ce qu'ils possèdent dans cette entreprise, à commencer par Considérant et sa belle-mère, Mme Vigouroux. Quoi qu'il en soit, l'extrait de *la Presse* qui recommande cet essai me paraît représenter une opinion déjà assez répandue, qui serait favorable à la fondation d'un phalanstère. Ce sera fort curieux, et il y aura là bonne occasion pour que les grands problèmes économiques et moraux soient repris *théoriquement* à propos d'un *fait* qui les soulèvera tous d'une façon palpitante. C'est surtout sous le rapport religieux et moral que ce sera immédiatement très-drôle, car pour la question d'héritage, il faudrait plusieurs générations pour juger des inconvénients propres à la solution de Fourier, inconvénients d'ailleurs beaucoup moindres que ceux de la constitution actuelle de la propriété, quoique, en définitive, il n'y a pas dans le phalanstère propriété personnelle et directe du sol et de l'habitation, et que les *capitalistes* sont seulement des actionnaires. Sous ce dernier point de vue, la solution de Fourier est une finesse fort ingénieuse, ou même un acheminement progressif fort adroit, auquel je ne donnerai certes pas la main, mais que je suis bien aise de voir propager et pratiquer, parce que cela est très-supérieur à la propriété *foncière*, personnelle et directe de nos jours ; cela correspond même très-bien au but que nous nous proposions dans *le Producteur* et *le Globe*, quand nous traitions de la *mobilisation* de la propriété et de la baisse progressive de l'*intérêt des capitaux*... — P. ENFANTIN. »

Huit jours après, Arlès était toujours sans réponse à sa proposition d'appel, et Enfantin lui écrivait le 11 juillet.

« Je ne sais pas ce que vous attendez de moi pour écrire à B. M. mais vous avez fort bien fait de ne pas écrire, et *si vous écrivez*, je crois que vous ferez bien de vous en tenir à *la demande pure et simple des lettres.* »

Dans cette même lettre du 11 juillet, Enfantin annonçait que Changarnier, Cavaignac et Bedeau allaient rentrer en France; que l'intendance était découragée, et que le civil s'attendait à recevoir de grandissimes étrivières. Les bruits du jour donnaient pour bras droit au général Bugeaud un officier qui passait pour une mauvaise tête, et pour bras gauche un très-brave homme qui était aussi un très-pauvre esprit. — « Tout cela, ajoutait Enfantin, amène de plus en plus vite Lamoricière, mais sur celui-là aussi il paraîtrait qu'il y a quelque chose à dire ; on prétend qu'il est *comédien*. Quant à N..., vous savez ce qu'on prétend qu'il est. Il ne restait plus que le beau général Lafontaine, il est presque aveugle, et rentre en France pour s'y guérir s'il le peut. Le général d'artillerie L..... dit tout haut qu'il veut rentrer, et qu'il n'y a pas moyen de servir avec un homme qui lui a dit : « — Mais, général, vous vous *imberlificotez*. — Je n'imberlificote rien du tout, » a-t-il répondu.

Au moment où Enfantin transmettait ces détails en France, un incident survenait pour ajouter l'ennui des tracasseries administratives au déplaisir qu'il devait éprouver du silence prolongé gardé avec lui, au sommet des régions officielles.

Le colonel Bory-Saint-Vincent, comme président de la commission scientifique, avait cru pouvoir adresser un mémoire à l'Institut sur ses travaux d'Afrique; le ministre de la guerre lui fit remarquer que cette communication devait être faite au gouvernement seul. Vers le même temps, Enfantin ayant écrit au général Létang, qui venait de lui envoyer son livre sur l'Algérie, et sa lettre ayant été publiée dans *le Toulonnais*, M. Laurence s'en plaignit au colonel Bory, dans le billet suivant :

« Je n'ai rien à ajouter aux observations que le ministre a cru devoir vous adresser relativement à vos communications à l'Institut ; seulement vous devez être, sans aucun doute, bien persuadé que l'administration ne perd de vue aucune des obligations auxquelles tous les membres de la commission scientifique se trouvent soumis ; vous ferez donc bien de rappeler à M. Enfantin qu'au ministère seul est due la communication de ses travaux et que ce n'est pas, pour alimenter les journaux de leur correspondance, que les membres de la commission sont envoyés en Algérie. »

Bory Saint-Vincent donna connaissance de l'admonition de M. Laurence à Enfantin, qui s'empressa de lui répondre :

« Alger, 20 juillet 1841.

» Colonel,

» Vous venez de me communiquer une lettre que vous écrit M. Laurence, en date du 9 juillet, par laquelle il vous charge de me rappeler que ce n'est pas, pour alimenter les journaux de leur correspondance, que les membres de la commission sont envoyés en Algérie.

» Je n'ai rien écrit aux journaux ni pour les journaux.

» M. le général de Létang, que je n'ai pas l'honneur de connaître, m'avait envoyé son livre sur l'Algérie, en me demandant mon opinion sur cet ouvrage; je lui ai répondu. Ma lettre a été insérée dans *le Toulonnais*, il y a cinq mois au moins. Je suis complétement étranger, plus qu'étranger, à cette publication indiscrète qui m'a peiné, précisément parce que je pensais qu'il pourrait se trouver dans le public quelques personnes qui me l'attribueraient, mais je ne m'attendais pas, je l'avoue, à ce que M. Laurence pût se méprendre au point de croire que c'était moi qui avais fait imprimer, ni à ce qu'il pût en conclure que j'*alimentais* des journaux, et par-dessus tout, que j'alimentais *le Toulonnais !*

» Le motif qui a pu porter à imprimer cette lettre est tellement clair, il m'est si étranger, à moi qui n'ai pas, je le dis encore, l'avantage de connaître le général de Létang, que ce n'est pas moi qui devrais être soupçonné d'avoir voulu cette publication.

» La rédaction de cette lettre, toute confidentielle et de *politesse obligée*, son style et sa forme prouvent d'ailleurs que j'étais loin de la destiner à l'impression, et même qu'elle n'a pu être publiée qu'à mon insu ; ce qui est de toute vérité.

» Je ne peux pas croire que M. Laurence ait lu cette lettre, et je crains que pour me faire le reproche pénible qu'il m'adresse, il s'en soit rapporté à quelque lecteur léger et malveillant.

» Colonel, vous pouvez affirmer à M. Laurence, je le répète, que je n'ai écrit dans aucun journal, et que spécialement je n'ai rien fait imprimer dans *le Toulonnais* ; parce que je n'ai jamais cru convenable et utile qu'un membre de la commission scientifique (et moi tout particulièrement) fît passer au gouvernement, par l'intermédiaire des journaux, les idées qu'il jugerait bonnes à appliquer en Algérie. J'avais vivement désiré, au contraire, suivre une voie tout à fait inverse, qui me semblerait toutefois inconvenante encore si je n'étais encouragé à la suivre. J'ai donc dû m'abstenir de communiquer mes travaux au ministère, mais je n'ai pour cela *alimenté aucun journal* de ma correspondance.

» Je pense que le reproche qui m'est adressé par M. Laurence vous fera trouver convenable et juste de lui envoyer cette lettre.

» Recevez, je vous prie, colonel, la nouvelle assurance de mon respectueux dévouement.

» P. ENFANTIN. »

Cette contrariété qu'Enfantin qualifiait de vilenie coïncida avec un dérangement dans sa santé; le 2 août, il écrivait à Arlès :

« Vous avez vu par ma lettre du 11, que je me portais *fameusement* bien, vous verrez par celle-ci que je suis malade.

» Comment diable ne me dites-vous pas un mot d'Holstein en m'adressant le billet où il m'annonce leur malheur?

» Vous me reparlez encore de donner mes lettres à lire, et je vous réponds encore une fois que je ne sens pas cela. Il y a même là quelque chose qui m'égratigne. Votre persistance est certes de nature à m'y faire réfléchir, et plus j'y réfléchis plus je trouve que ceci dépasse certaines limites et néglige toutes formes.

» J'ai eu une longue conversation avec le général (Bugeaud) à son bal du 30, où j'ai pu lui parler un peu de l'est. Je crois toujours que ce gouverneur-ci ne fera encore rien, c'est dommage, il y a une étoffe vigoureuse.

» J'aurais eu encore une bonne lettre à vous écrire sur cette conversation, mais je ne m'y sens pas goût, *Cui bono?*

» Les *Debats* me semblent jouer un rôle un peu

louche; est-ce qu'ils seraient près de dire : *Malheureuse France, malheureux Roi?*

» *La Presse* est seule à la brèche, mais la brèche est bien large.

» J'ai une lettre de Lambert, du 4 juillet. — Le voyage de Bruneau paraissait renvoyé à 1842; — ils se portent bien. — P. ENFANTIN. »

« Alger, du 2 août 1851.

Enfantin regrettait qu'Arlès n'eût rien ajouté au billet par lequel Holstein lui apprenait qu'il venait de perdre un enfant et que sa femme et lui étaient inconsolables. Il écrivit de suite à son vieux camarade :

« Pauvre ami, tu n'es pas heureux, mais tu n'es pas sage non plus, car c'est de toi que Coraly doit recevoir du calme pour les atroces douleurs physiques et morales qu'elle a éprouvées, et je ne te sens pas en mesure de lui en donner.

» Tes larmes lui font du bien sans doute, mais il faut autre chose que des larmes pour sécher celles d'une personne qu'on aime.

» Qui donc est heureux dans ce monde?

» N'es-tu pas près d'elle, n'est-elle pas près de toi? Et nous deux, toi et moi, ne sommes-nous pas quelque chose qui compense bien des douleurs?

» La vie c'est bonheur et malheur. — Tu as été bien malheureux, mais Dieu ne t'a-t-il doté que d'un héritage de douleurs? — T'a-t-il fait laid, faible de santé, repoussant pour tous, t'a-t-il fait égoïste, sec, avare, cruel? Si tu n'as rien de tout cela, si tu as eu au contraire, sous tous ces rapports, ta belle et grande part des bienfaits de Dieu, *pleure* quand il te frappe, mais ne te *plains* pas, ce serait faiblesse, et il te faut de la force pour deux en ce moment, pour Coraly et pour toi.

» Pleure avec cette pauvre femme que Dieu frappe bien plus cruellement que toi, mais qu'elle sente que cette douleur commune te fait l'aimer davantage encore, et te fait ainsi bénir plus tendrement le jour où vous vous êtes unis. — C'est un lien de plus entre vous que cette âme à qui Dieu n'a pas voulu donner vie en *dehors de vous* et qui est toute en vous. — L'alliance des époux est double, elle veut dire homme et femme, mais elle signifie aussi douleur et bonheur, vous êtes liés maintenant par ces deux grandes attaches de tout ce qui vit, de tout ce qui aime.

» Et crois-tu donc que cette belle *amica* et ton bon père n'ont pas resserré par leur mort le lien qui m'attachait à toi? Crois-tu que je t'aurais aimé avec 60,000 francs de rente et dans un monde de dandys, comme Dieu m'a fait t'aimer[1] à mesure qu'il te dépouillait?

» Et pourquoi Coraly t'a-t-elle voulu pour époux, toi saint-simonien, toi sans place, toi crucifié, comme tu dis? A genoux, enfant, prends la main de cette pauvre amie à qui Dieu refuse encore les joies de

1. Holstein n'a survécu que deux ans à l'ami qui fut successivement pour lui un frère et un père; il est mort à Lyon, il y a peu de mois, dans la plénitude de sa foi saint-simonienne, comme l'atteste le codicille que nous reproduisons ici:

« Je confirme par ce codicille toutes les dispositions que j'ai faites dans les deux petites notes nos 1 et 2 que j'ai confiées aux soins de mon ami Arlès et de mon fils Prosper; quand, sur le petit avoir que je laisse, on aura remboursé à mes enfants ce que je leur dois de la fortune de leur mère, et dont ils m'avaient si gracieusement abandonné l'usufruit, je désire consacrer, sur ce qui me restera, une somme de dix mille francs à la propagation de la religion saint-simonienne, car je suis saint-simonien.

» Si le bonheur veut pour les siens, pour ses amis, pour la société entière à laquelle il rend continuellement tant de services, que mon excellent ami Arlès me survive, c'est à lui que cette somme de dix mille francs devra être comptée, sinon il faudra rechercher la personne chargée de le remplacer dans son œuvre de légataire universel du Père.

» Je désire que mes enfants acceptent sans regrets cette disposition pour aider à la propagation d'une religion qui a rendu la foi à leur père, qui lui a fait croire en Dieu, qui lui a fait voir Dieu, car, à l'époque où il y est entré, il était arrivé à un état d'incrédulité complète en matière de religion. Aujourd'hui, je meurs saint-simonien, et je suis heureux. Gloire à Dieu, gloire au Père!

» Adieu, mes enfants, je vous aime.

» Lyon, le 10 juillet 1866, sur mon lit de douleurs, sinon sain de corps, du moins sain d'esprit et d'âme.

» *Signé* HOLSTEIN. »

la maternité, et demande pardon à Dieu et *à elle-même*, d'avoir presque blasphémé pour le malheur qui vous a frappés, demande lui pardon de t'être dit malheureux près d'elle et surtout près de sa douleur.

» De tout temps on gagnera la fortune par un rude travail, et de tout temps aussi on suera la douleur pour acquérir l'amour.

» Il n'y a que les charlatans qui crient : *sans douleur!* ou les rêveurs du phalanstère qui croient que la vie ne sera plus qu'un jeu amusant.

» P. ENFANTIN. »

A peine remis de son indisposition, Enfantin fut invité par le président de la commission à se préparer pour une excursion dans l'ouest. Le 16 août, il en donna avis à Arlès en ces termes :

« Le colonel m'a donné l'ordre de partir sous quinzaine pour Oran, où il me dit que j'aurai besoin de trois à quatre mois pour y faire mes observations. Vous voyez que le retour en octobre est sans fondement, et qu'il faut avaler 1841 tout au long. Je partirai donc vers le 1er septembre, et j'irai enfin faire connaissance avec le général Lamoricière. Le colonel m'appelle toujours dans ses lettres, mon cher *confrère*.

» Je lis Lamennais et Buchez, j'ai commencé

E. Buret (Misère des classes laborieuses en France et en Angleterre), et je vois par un compte-rendu de cet ouvrage, que je dois y trouver, au deuxième volume, que je n'ai pas encore, un projet très-semblable à ma lettre sur la convocation des États généraux de l'industrie.

» Les journaux sont bien assommants.

» L'affaire de Toulouse est pourtant quelque chose; la conduite des *Débats* sur cette question le prouve, ils ont hésité, balbutié, pirouetté; ils cherchent de quel côté le vent souffle, tandis que *la Presse* dit de quel côté il *devrait* souffler; celle-ci cherche le *droit*, les autres flairent joliment le *fait*. »

Cependant Arlès se lassait d'attendre une réponse des Tuileries; il ne pouvait pas cacher son mécontentement au maître à qui il avait même parlé de son désir de se renfermer tout à fait dans le cercle de ses affaires personnelles, en commençant par se retirer de la chambre de commerce. Enfantin, avant de quitter Alger, crut devoir lui adresser quelques exhortations à cet égard.

« Si vous écrivez à Boismilon, lui dit-il, je désire que vous examiniez auparavant très-sérieusement si votre longue hésitation à écrire ne signifie pas qu'il n'y a rien à *écrire*, et que ces choses ne peuvent que se *dire*. C'est mon opinion ; et comme vous n'avez pas pu et ne pouvez actuellement aller à Paris, le mieux, selon moi, est de se taire, quoique ce mieux soit fort embêtant.

» Vous paraissez d'ailleurs tellement jeter le manche après la cognée, que vous n'êtes pas en situation d'esprit convenable. — L'insuccès de votre démarche vous peine pour moi plus que de raison, et vous fait quitter trop vite l'espoir dans la ligne suivie, ligne qui n'est pas encore parcourue jusqu'au bout. Votre séparation de la chambre de commerce, dans l'occasion dont vous me parlez, me prouve que vous en voulez de ce qu'on ne vous a pas répondu, tandis que vous devriez simplement vouloir, et vouloir par tous les moyens possibles, qu'on vous réponde et qu'on vous réponde convenablement. Les épines de la route vous ont fait perdre de vue le but, et vous l'ont même tout à fait repoussé du cœur. Et tout cela, je le sais et le sens bien, parce que vous m'aimez et ressentez en vous plus vivement même que moi, l'ennui de cette fausse position. Quand il vous arrivera de croire à la république ou à Henri V, à la bonne heure, mais jusque-là marchez sans arrêt, sans écart, sans recul et malgré les ronces dans la même route. Si les personnes dont vous me parlez vous embêtent, je ne sais pas trop où sont celles qui ne vous embêteraient pas aujourd'hui, y compris l'estimable directeur du pénitencier de Marseille que j'ai beaucoup moins envie de voir et de connaître que ce monsieur qui ne vous répond pas.

» Vous avez été désarçonné par votre affection pour moi, et je voudrais vous remettre en selle et d'aplomb, prêt à recevoir vingt coups de lance sans broncher.

» Maintenant vous avez l'air de bouder et vous boudez réellement, moi j'ai l'air de bouder et je ne boude pas, il faut, ou que vous cessiez de bouder ou que je boude moi-même pour que nous marchions d'accord; eh bien, je ne bouderai pas, arrangez-vous pour faire de même.

» Je partirai décidément pour Oran, du 6 au 7 septembre, Marion me quittera mardi 31.

» Nous voici au 28 août, il y a juste neuf ans que j'ai été condamné, je voudrais bien que cette année-ci fût celle de la réhabilitation; dix ans de travaux forcés, c'est bien honnête.

» Il me tarde bien de voir le général Lamoricière. La partie qu'il joue contre le général Bugeaud avance, et je désire comprendre comment il la gagnera.

» Adieu, cher ami, du calme, au nom de Dieu, du

calme. Je crois qu'avec du calme vous auriez fait il y a déjà deux mois un voyage de trois à quatre jours de malle-poste sur la route de Paris.

» P. ENFANTIN. »

Enfantin partit d'Alger le 15 septembre ; le 11 octobre, il écrivait d'Oran à son ami de Lyon :

« J'ai voyagé avec les deux Cavaignac, le colonel et le républicain, ce qui ne m'a pas rendu plus républicain qu'à l'ordinaire, mais j'ai eu plaisir à connaître ces deux frères, dont la tendresse réciproque est touchante, et qui sont tous deux fort bons à connaître : il y a du cœur.

» Je suis comme à Constantine dans l'ancien palais des beys, et appartement *des femmes*, occupé par le conseil de guerre et l'artillerie. Les Espagnols ont fait ici du grandiose; nous y faisons du petit, du mesquin, du provisoire; leurs forts sont bâtis comme les pyramides, nos casernes sont de grandes baraques de bois qui ressemblent à de longs cercueils, et où en effet nos soldats meurent et s'enterrent. Oran est très-pittoresque, entourée de rochers nus, brûlés, et d'un sable blanc qui grille les paupières, dominée par des forts bâtis en l'air comme des nids d'aigle, la ville est traversée par des ravins remplis de jardins d'une végétation admirable qui coupent des quartiers en amphithéâtre, de sorte que, de mille points, on domine ce spectacle toujours nu et toujours varié. La mer toujours assez douce dans ce grand golfe, n'a pourtant établi son port qu'à une heure d'Oran, mais d'une façon splendide. Mers-el-Kebir est un superbe mouillage, et la route que nous avons faite pour le joindre à Oran est au moins une assez belle chose.

» Je quitterai quand l'expédition reviendra; les eaux d'Oran sont dit-on comme celles de la Seine, j'en éprouve déjà l'influence...

» *P. S. le* 14.—Lambert a encore enterré un de nos amis, le docteur Delong, c'est je crois le quinzième que nous prend l'Égypte. Dans quelques siècles d'ici, quelles grandes figures que celles de Lambert et de Bruneau!

» Adieu, ami, je suis malingre et triste.

» P. ENFANTIN. »

Huit jours après, la dyssenterie était venue se joindre à la tristesse, et Enfantin annonçait à Arlès, dans une lettre datée de Mers-el-Kebir le 20 octobre, qu'il devait s'embarquer le dimanche suivant pour Port-Vendres. Le 28, il était à Marseille, et le 31 à Curson, d'où il s'empressa d'informer Arlès de son retour.

Après quelque jours de repos, il n'oublia pas

de remplir les devoirs que lui imposait sa qualité de membre de la commission d'Afrique ; il écrivit à M. Laurence, directeur des affaires d'Algérie, la lettre suivante :

« Monsieur, j'étais malade à Oran depuis près de quinze jours, lorsque j'ai obtenu sur certificat de médecin, l'autorisation de rentrer en France par le bateau-hôpital *le Cerbère*. Je suis arrivé à Marseille le 28 octobre, et je me suis hâté de me rendre avec peine chez mon parent, M. le lieutenant-général Saint-Cyr Nugues.

» Je viens d'y recevoir une lettre de M, le colonel Bory Saint-Vincent qui m'annonce que M. le ministre de la guerre avait décidé que je devais rentrer en France à la fin de novembre, ma maladie m'a fait devancer cet ordre d'un mois.

» Le colonel me prévient aussi que je dois vous adresser mes travaux achevés et une note sur ceux qui sont en cours d'exécution ou projetés, avec indication du temps nécessaire pour les terminer. — Je n'ai pas encore reçu mes livres et papiers que j'avais laissés en grande partie à Alger, où j'espérais les reprendre à mon retour d'Oran, et, si je les avais, il me serait impossible en ce moment même de les mettre en ordre; dès qu'ils me seront parvenus et que je serai moi-même en état de m'en occuper, j'aurai l'honneur de vous écrire à ce sujet...

» Je suis avec respect, Monsieur le directeur, votre etc.

» P. ENFANTIN. »

Enfantin crut devoir également, quelques jours après, donner avis de son arrivée en Dauphiné, au président de la commission ; il lui écrivit :

« Tain, 19 novembre 1841.

» Colonel, j'ai reçu la lettre que vous m'avez fait l'honneur de m'écrire le 26 et le billet du même jour que vous y avez joint, et dont je vous remercie. J'ai écrit de suite à M. Laurence, pour lui dire que j'étais prévenu par vous des intentions de M. le ministre de la guerre à mon égard, et lui annoncer ma rentrée en France et la cause qui m'y ramenait.

» Ma santé est toujours à peu près de même ; cette vilaine maladie d'Oran, longue ordinairement, est d'autant plus tenace que nous entrons en hiver, et que le froid de France m'est doublement sensible.

» Je n'ai pas encore reçu mes effets, livres et papiers que j'ai fait revenir d'Alger, mais si je les avais il me serait encore impossible de reprendre mon travail, heureusement assez avancé.

» Les détails que vous voulez bien me donner sur la commission et sur vos travaux m'ont bien intéressé et et je vous en remercie encore une fois. — P. ENFANTIN. »

La santé d'Enfantin s'améliora vite sous le ciel de la France. Toutefois elle exigeait encore des ménagements et un complet repos, lorsque la lecture d'une feuille publique vint raviver en lui le désir de reprendre la plume, pour protester, sinon devant le monde, du moins dans sa correspondance avec ses amis, contre les atteintes portées à l'intégrité de sa foi, aux vérités les plus essentielles de la doctrine dont il était le verbe suprême et l'inébranlable représentant. Le *Journal des Débats* du 12 décembre 1841 annonçait, en ces termes, l'ouverture du cours d'économie politique de Michel Chevalier, au Collége de France :

« M. Michel Chevalier a été autrefois saint-simonien, et ceux qui lui en font un crime, ceux qui l'accusent avec tant d'aigreur d'avoir renié son passé, auraient bien dû assister aujourd'hui à l'ouverture du cours d'économie politique qui s'est faite au Collége de France, au milieu d'un immense concours d'auditeurs de toutes les professions et de toutes les classes. Le discours de M. Michel Chevalier n'est autre chose, en effet, que le résumé éloquent, et profond, *l'exposition impartiale et philosophique de tout ce qui a mérité de survivre dans les doctrines du saint-simonisme, dégagé des erreurs que l'inexpérience et la jeunesse de ses premiers apôtres avaient groupées autour de son berceau.* »

Ce début, suivi d'un coup d'œil rapide et bienveillant sur le saint-simonisme, servait d'introduction au discours de l'éminent professeur, reproduit en entier. Michel Chevalier y continuait évidemment l'apostolat indirect auquel il s'était voué dès le jour où il s'était séparé d'Enfantin, dans la prison même de Sainte-Pélagie, le 5 mai 1833. Mais Enfantin, qui l'avait poussé lui-même à cette résolution, n'admettait pas que la propagation saint-simonienne, habilement revêtue d'apparences conservatrices, pût jamais comprendre, dans ses moyens de succès, la négation même de quelques-uns des points fondamentaux de la nouvelle doctrine, condamnés à n'être plus considérés que comme des péchés de jeunesse. Il s'en expliqua vivement avec Arlès dans la lettre suivante :

« Curson, 16 décembre 1841.

» J'ai lu dans les *Débats*, mon cher Arlès, le discours d'ouverture de Michel, et je suis vraiment effrayé de la manière dont Michel joue avec le feu. Certes, c'est un succès immense que d'amener les *Débats* à s'exprimer comme ils le font sur le saint-simonisme, c'est-à-dire de leur faire prêcher à peu près tout Saint-Simon, sauf le nouveau christianisme, et ce succès est dû à Michel, à son habileté, à sa persévérance, à son prodigieux et infatigable travail, mais, pour une pareille œuvre, bien peu de personnes peuvent être reconnaissantes, et, au contraire, beaucoup doivent nourrir dans l'âme, les uns de la haine pour un tel succès, les autres de la haine encore pour les moyens employés à atteindre ce but ; et les bourgeois eux-mêmes, que Michel caresse dans plusieurs de leurs plus funestes illusions, seront un jour pour lui de bien rancuneux ennemis, avant que Michel ait pu regagner ou gagner l'affection des hommes qu'il blesse aujourd'hui.

» Ce qui me fait dire tout cela, ce sont ces deux idées capitales du discours : 1° il ne faut pas s'inquiéter de la distribution des richesses, mais uniquement de leur accroissement, et 2_0, si les 8 milliards du revenu français étaient divisés également, chacun aurait 63 cent. par jour. La première idée est tellement erronée, et la seconde est tellement bourgeoise, tellement digne de la statistique de C. D. et de la politique du paysan d'Excideuil, que personne ne voudra croire qu'elles émanent de Michel (personne, surtout moi) et que personne ne lu pardonnera (et moi à peine) d'avoir mis en avant de tels arguments pour clore la bouche aux communistes égalitaires, et pour dorer la pillule aux hommes de loisir des *Débats* et aux hommes d'esprit comme M. Cuvillier; personne, pas même les hommes de loisir et les hommes d'esprit qui finiront bien un jour par reconnaître l'absurdité des deux idées.

» Et pourtant, je m'efforce quelquefois de croire que ces principes si curieux d'économie politique ne sont pas émis par Michel avec des intentions diplomatiques; je cherche à me persuader que ce sont de ces aveuglements de position auxquels personne n'échappe, et qu'il croit à la vérité de ces fausses idées et à la valeur de ces puérils arguments : et pourtant ! c'est trop fort.

» Est-ce que ce n'est pas l'accroissement prodigieux de la production, sans modifications correspondantes dans la distribution, qui conduit en ce moment l'Angleterre vers une crise effrayante? Est-ce que simplement une distribution du revenu français qui aurait appliqué un milliard de plus à la guerre, comme le voulait M. Thiers, n'était pas capable de ruiner la France et le monde entier pour un siècle peut-être? Est-ce que la Révolution française, en distribuant autrement les biens du clergé et une partie des terres seigneuriales, en supprimant des droits qui distribuaient autrefois le revenu de la terre autrement qu'il ne l'est aujourd'hui, en abolissant même la vénalité des charges civiles ou militaires qui répartissaient autrement qu'aujourd'hui (c'est-à-dire selon la naissance et non selon le mérite constaté), une grande partie de la richesse publique ; est-ce que cette grande révolution qui, *immédiatement*, a plutôt diminué qu'augmenté la production, n'a pas été cependant un élan merveilleux vers un meilleur avenir ?

» Et quant aux 63 cent. par jour résultant de la distribution par égale part du revenu de 8 milliards, comment un homme d'esprit comme M. Cuvillier peut-il croire que les communistes songent au *revenu ?* C'est au capital qu'ils songent, c'est à vos bonnes maisons, bien meublées, à vos bonnes voitures, à vos beaux châteaux, à vos jardins enchanteurs, à votre *propriété* en un mot, et non au *revenu*, persuadés qu'ils sont d'ailleurs que lorsque vous n'aurez plus toutes les douceurs de la vie, lorsque vos domestiques et vos grooms seront avec vos chevaux à la charrue, que vos voitures porteront du fumier, que vos maisons de campagne seront des fermes ou des fabriques, et vos palais des guinguettes charmantes, la production augmentera (la production d'objets utiles au peuple) de tout le travail des gens qui cherchent, polissent et enchâssent vos diamants, vos perles et vos bijoux, qui vous couvrent de dentelles et de gaze, et qui alors feront, ainsi que vous-mêmes, entendez-vous, de gros souliers, des bas de laine bien chauds, du bon drap, et du grain, et du vin, et de l'huile, et peut-être un peu plus de soie, parce que toute femme du peuple voudra être jolie aussi le dimanche.

» De quoi d'ailleurs se composent les 32 millions d'habitants qui produisent, *dit-on*, annuellement 8 milliards? Combien 32 millions d'âmes comportent-elles d'individus valides, capables de concourir à cette production de 8 milliards? Certes, si l'on retranche les enfants en bas âge, les vieillards, les infirmes, les malades, la plus grande partie des femmes, dont le travail est tout intérieur et qui ne fournissent pas un centime dans cette somme de 8 milliards, ces 32 millions se réduiront à 10 ou 12, aux plus *capables de produire*. Or, si dans ces 10 ou 12 il y a 500,000 soldats, et autant d'hommes employés à leur fabriquer des canons, des fusils, de la poudre, des forteresses; si d'un autre côté il y a 500,000 bourgeois avec un nombre à peu près égal de domestiques, qui n'ajoutent pas également un centime à ces 8 milliards ; si, enfin, comme je l'ai dit tout à l'heure, il y a un nombre considérable d'hommes employés à fabriquer des produits à un luxe effréné qui ne servent en rien au bien-être physique ou moral du peuple, et qui ne servent qu'à charmer les hommes de loisir, ... comment n'en pas conclure qu'une distribution de la richesse sociale qui ne permettrait plus ici ce luxe, ni cette oisiveté, ni la guerre, serait promptement suivie d'un accroissement des produits *communs* du bien-être *populaire?* Or, c'est là ce que veulent les communistes et les égalitaires; ils ne veulent pas avoir des diamants autant que vous, ils veulent que vous n'en ayez pas; ce sont des Cincinatus et des Gracques, qui disent comme Pline: *Latisfundia perdidere Italiam!* ils parlent de vous comme Tertullien, Lactance et tous les Pères parlaient du luxe des patriciens et chevaliers de Rome.

» Certes, les partisans de l'égalité sont absurdes, mais ils ne sont pas absurdes en toute chose, et vraiment c'est les croire par trop niais que de vouloir leur prouver que tout est pour le mieux dans ce monde, puisque si on divisait également les 8 milliards du revenu *actuel* de la France, ils n'auraient que 63 cent. par jour et par tête, bien que pour beaucoup d'entre eux ces 63 cent. fussent une amélioration à leur sort, car une famille de paysan ou d'ouvrier, composée du mari, de sa femme, d'un descendant et d'un ascendant, aurait 2 fr. 52 c. par jour, et bien des paysans ouvriers ne gagnent pas 920 fr. par an pour nourrir leur famille.

» Et si enfin ce calcul des 63 cent. est vrai dans l'hypothèse d'un égal partage, quel est donc le lot du pauvre, aujourd'hui qu'il y a tant d'hommes qui conservent pour eux seuls cent fois, mille fois même cette part de 63 cent. Vraiment j'admire l'assurance de ces aveugles bourgeois; ils osent dire que, dans la société actuelle, la part *moyenne* est de 63 cent., quand tout le monde sait quelle est leur part aujourd'hui ! Mais 63 cent., c'est le strict nécessaire pour ne pas mourir de faim, tout ce qui se dépense en plus, est pris conséquemment sur le *nécessaire* du pauvre.

» Mais je nie d'ailleurs ce calcul statistique de 8 milliards, je soutiens positivement que ce calcul ne contient pas et ne peut contenir les millions de paires de bas, de chemises, de robes, de bonnets, que les pauvres mères font dans leurs taudis, pour leurs pauvres enfants; j'affirme qu'il ne renferme pas les charrettes, les roues, les charrues, les harnais faits dans les misérables chaumières de paysans ; qu'il n'estime pas le quart des infinies petites provisions de ménages qui entrent dans la soupe maigre du journalier, qu'il ne peut tenir compte de ce que vaut de travail, de ce que coûte au paysan la maison de terre qu'il bâtit lui-même, le toit de paille dont il la couvre, la sueur qu'il répand pour défricher une terre qui ne produira l'intérêt de sa peine que dans cinq ans et plus, et je repousse cette arithmétique comme étant aussi prétentieuse et fausse, dans son principe, qu'elle est barbare ou niaise dans l'application qu'on en fait.

» C'est vraiment comme le fameux calcul des 11 millions de cotes de contribution foncière qui ferait croire aux niais que le sol est partagé entre deux millions de familles, et à d'autres plus niais encore, que cette division frise l'égalité ; tandis que sur ces 11 millions il y a 3 millions, c'est-à-dire le quart au-dessus de 10 fr. et les trois quarts au-dessous !

» Je le répète, l'accroissement de la production sans changement dans le mode de distribution, c'est l'accroissement inévitable et logique, d'une part, de *l'extrême luxe* ; d'autre part, de *l'extrême misère* . Ce serait affligeant de se jeter *sciemment* dans cette voie, ce serait impardonnable !

» D'un autre côté, la loi *agraire* de nos Gracques, ne consiste pas à partager le revenu, mais le capital ; ils se veulent partager *à part égale*, c'est là leur absurdité ; tandis que même pour l'accroissement le plus rapide des produits et *des produits les plus généralement profitables à l'amélioration morale, physique et intellectuelle, non-seulement* de l'ouvrier, mais du bourgeois lui-même, ils ont raison de se plaindre de la distribution actuelle des instruments de travail et des produits du travail.

» Je vous le dis encore, j'aime à croire que l'atmosphère des *Débats* a causé chez Michel cette illusion et ce vertige, et qu'il pèche par ignorance *momentanée* ; mais qui le croira ? peut-être quelques phalanstériens, flairant derrière ses paroles le quadruple produit, feindront-ils de le croire ; mais les phalanstériens savent bien que, pour obtenir leur quadruple produit, il faut d'abord mettre le sol en *société*, *en commandite par actions*, et détruire la forme actuelle de notre propriété *directe* et *personnelle* du sol ; or, ici est une nouvelle distribution des instruments de travail, c'est au moins un principe *d'association éclairée*, substitué à un autre principe *égoïste et aveugle*. Oui, je crains pour Michel, nageant entre deux eaux, et je crains pour lui non-seulement à cause de lui, mais à cause du système d'idées à la réussite desquelles il a depuis huit ans voué sa vie laborieuse. Je crains pour les bourgeois que Michel a voulu faire marcher, qu'il a entraînés déjà très-loin, et que maintenant il égare ou qui l'entraînent.

» La politique des *Débats* depuis quelque temps est faible, et voici venir son économie politique qui est plus faible encore. Tous les premiers-Paris sont des insultes blessantes, piquantes, quoique lourdes, à des partis dans chacun desquels pourtant il y a quelque chose de légitime; la bourgeoisie commence à prendre le vertige de la peur; eh bien! je le dis, et M. Cuvillier-Fleury le fait entendre, Michel aussi a peur, il a peur de la haine des républicains et il aura bientôt peur, s'il continue, de la défiance et de la haine des bourgeois eux-mêmes. Il est à la veille d'une crise analogue à celle qu'il a éprouvée le 5 mai 1833, il faut une route nouvelle....

» Adieu, cher ami. — P. ENFANTIN. »

XXXIX

(1842)

Les apôtres sécularisés, après l'épreuve héroïque de Ménilmontant et le martyre de Sainte-Pélagie, pouvaient se contenter de la demi-justice courtoisement accordée aux croyances hardies qu'ils avaient confessées et enseignées avec courage devant un public moqueur et un pouvoir persécuteur. C'était tout le succès qu'ils s'étaient promis en se séparant d'Enfantin et en rentrant dans le monde ; c'était désormais toute la part qu'ils devaient prendre dans l'expansion de la doctrine nouvelle ; c'était l'apostolat indirect, poursuivi avec habileté et persévérance, comme Enfantin lui-même l'avait désiré quand il avait proclamé, en 1833, l'indépendance de ses disciples, et qu'il avait poussé Michel Chevalier, particulièrement, à ne plus consulter que ses propres inspirations pour le choix de ses œuvres ultérieures.

Mais ce qu'il s'était cru obligé de concéder à ceux de ses enfants qui ne pouvaient porter aussi loin que lui le poids de l'apostolat direct et de l'orthodoxie saint-simonienne, Enfantin ne se le passait pas à lui-même. Ce n'était pas le grand novateur qui avait prononcé l'admirable parole du 8 avril 1833, devant les jurés de la Seine, qui pouvait s'accommoder du triage timide que l'éclectisme essayait de faire dans l'héritage de Saint-Simon. S'il se taisait, en public, quand les vérités, que le *Journal des Débats* prenait pour des erreurs de jeunesse, étaient attaquées par les organes du vieux monde, conservateurs superstitieux ou révolutionnaires incrédules, il était moins patient, moins tolérant, lorsque ces mêmes vérités étaient méconnues, sinon reniées, par des membres de la famille nouvelle. Après avoir, en décembre 1841, exprimé à Arlès l'impression pénible qu'il avait ressentie, à la lecture du discours dans lequel Michel Chevalier subalternisait la question de la distribution des produits, pour mettre en première ligne celle de leur accroissement, il ne se montra pas moins susceptible envers Arlès lui-même, au sujet d'une lettre de ce dernier où les principes saint-simoniens, sur la constitution de la propriété, ne lui semblaient pas suffisamment respectés, et il se pressa de l'arrêter sur cette pente rétrograde en ces termes :

« Curson, 27 février 1842.

» Ah ! sacré propriétaire que vous êtes, vous voilà donc déjà comme ils sont tous ! Comment vous avez une *brochure* qui porte en titre : CONSTITUTION DE LA PROPRIÉTÉ, et ENFANTIN, et vous trouvez que ceci est trop indirect pour les *hommes d'action*, et bon pour les deux ou trois *rêveurs* qui surnagent après la tempête. Je crois vraiment que vous avez déjà peur que je ne vous traite en sultan, et que je ne mette en communauté votre propriété privée.

» Je sais que tout dépend de l'*annonce*, et même que vos bourgeois du *Courrier de Lyon* mettront là-dessus la sourdine ou l'éteignoir que vous y mettez déjà vous-même ; mais comment diable avez-vous pu voir ainsi de travers ?

» C'est si fort à mes yeux que j'en comprends encore mieux mon inaction actuelle, mon séjour à Curson, ma maladie qui, par parenthèse, n'en finit pas, et mon renoncement aux choses de ce monde. Si vous pouvez faire une telle brioche, si vous n'avez pas compris pourquoi Marion avait imprimé, publié, répandu une lettre sur la *propriété à Enfantin*, sur qui voulez-vous que je compte pour être compris dans mon utilité, au milieu de ce monde de propriétaires qui tremblent en relevant leurs moustaches nationales, et de prolétaires qui grondent en sournois butors.

» Il est vrai que c'est sur la propriété en *Algérie* et à Enfantin, *membre de la commission !* Ah, malin que vous êtes, comme vous donnez dedans avec facilité, comme votre nouvelle qualité de propriétaire a porté malheur à votre perspicacité ! L'art de l'annonce est en effet de parler de propriété et d'Enfantin, sans effrayer et irriter les bourgeois, et sans échauffer les oreilles des prolétaires, et en ce sens il est fort bien que *le Courrier de Lyon commence*. Mais il s'agit bien des *rêveurs*, à moins que vous n'appeliez rêveurs, ce qui est vrai en effet, les socialistes, communistes, égalitaires, les fouriéristes, les républicains et les ultra-conservateurs ; mais alors qui appelez-vous donc les hommes d'action,. est-ce que c'est M. Brossette ou M. de Lahante, par hasard. Soyez sûr que cette brochure n'a qu'un intérêt fort médiocre au contraire pour les savants, les légistes, les penseurs et les philosophes, et qu'elle peut au contraire se propager fort vite dans le *public*, et je dirais surtout dans l'*opposition*.

» Réfléchissez donc que Marion *prouve* que depuis onze ans que nous occupons l'Afrique, tout ce qui a gouverné et administré ou exploré avec mission l'Algérie n'a dit et fait que des bêtises, relativement à la *chose capitale* d'occupation et de colonisation : la PROPRIÉTÉ.

» Il *prouve* en outre que la France est à peu près le seul pays du *monde* où la PROPRIÉTÉ soit constituée aussi personnellement, individuellement, *égoïstement*, qu'elle l'est en vos mains, Monsieur le Propriétaire.

» Si vous ne trouvez pas là deux armes à l'usage

des *hommes d'action,* il faut que vous ayez la berlue, car ce qu'il y a seulement à craindre c'est qu'ils n'emploient mal ces armes.

» Je vous le répète, vous êtes un propriétaire, et votre lettre me confirme dans la nécessité de mon embêtante maladie.

» Oui, j'ai fait remettre la lettre de Marion aux personnes dont vous me parlez, mais puisque vous l'avez ainsi comprise; bon Dieu, qu'en feraient-elles?

» Adieu, que votre *terre* vous soit légère!

» P. ENFANTIN. »

La colonisation de l'Algérie était depuis plusieurs années l'objet des préoccupations les plus graves des grands corps de l'État et du gouvernement; elle était si bien considérée en haut lieu comme une question dynastique, que le roi avait fait de cette terre africaine son champ de prédilection pour populariser ses enfants dans l'armée. Or l'aîné de ces enfants, réputé homme d'esprit et de progrès, se trouvait en mesure de savoir, par les communications d'Arlès, qu'il y avait dans la commission scientifique de l'Algérie, un observateur qui était aussi un écrivain et un penseur de premier ordre, et qui avait passé sa vie à étudier les éléments d'organisation sociale, non-seulement pour la colonie française des côtes barbaresques, mais pour l'Égypte, pour la France, pour l'Europe, pour l'Orient, pour le monde entier; il savait de plus, ce prince, héritier présomptif du *plus beau royaume après celui du ciel*, que ce grand esprit était tout prêt à l'éclairer de ses lumières, à l'aider de ses conseils et de ses inspirations, s'il daignait le rapprocher de lui. Eh bien! cet appel ne vint pas, et voici à quoi aboutirent les bonnes visites d'Arlès, les lettres d'Enfantin, l'intervention du général Saint-Cyr et les billets de M. Boismilon; le 2 avril 1842, Enfantin écrivait à Arlès :

« Cher ami, gardez par devers vous la copie de ma lettre au roi [1], quand bien même ce que je vais vous dire à ce sujet modifierait votre pensée.

» En écoutant Saint-Cyr lui parler de moi, l'impression qu'en éprouva le prince se rend assez bien par cette phrase de lui, à peu près textuelle : — Je suis tout disposé à appuyer la demande que ferait M. Enfantin d'une sous-préfecture. — D'un autre côté, en recevant votre dernière communication il y a bientôt un an, il ne vous a pas répondu, et depuis n'a pas paru désirer vous entendre, — lequel

1. Cette lettre a été publiée dans le Xe volume, p. 178.

vaut le mieux ? Dieu le sait ! quant à moi je n'en sais rien du tout ; mais si vous aviez envoyé ma letttre au roi et que c'eût été l'occasion pour que le prince envoyât promener très-positivement vous et moi, je ne sais pas non plus si ce serait un mal ou un bien, mais cela me semblerait au moins plus net que la sous-préfecture et le silence ; on me traiterait comme un conseiller ennuyeux et présomptueux, mais enfin comme un *conseiller*, et je crois que j'aurais beau modifier mes formes et me faire aimable, je serai et dois être *conseilleur* tant que je ne suis pas *faiseur*. Je fais la leçon, c'est évident, et je m'expose à me faire dire : Docteur, vous m'embêtez ; mais êtes-vous bien certain qu'on doive me dire autre chose ? Lorsque depuis cinq ans, on m'a dit : *commission scientifique*, et depuis deux : *sous-préfecture*, il y a chance pour qu'on me dise bientôt : bibliothécaire de Bone ou d'Oran, ou allumeur de reverbères à Paris, et alors peut-être vaut-il mieux qu'on me dise le reste.

» Quand je vous ai dit souvent qu'il fallait épuiser jusqu'au bout la route princière, par vous et par Saint-Cyr, je n'ai pas du tout entendu affirmer qu'au bout de ces deux hameçons, Saint-Cyr et vous, je pêcherais un prince plutôt qu'un goujon ; j'ai voulu dire seulement que je devais tâter s'il y avait dans la mare parlementaire, un poisson royal égaré ou s'il n'y avait que des *asticots* ; et pour cela vous sentez bien que je ne dois pas me borner à pendre à un hameçon seulement de ce que mangent les asticots, mais de la vigoureuse pâture de brochet. — Rappelez-vous donc le second vers du fameux distique que je vous ai déjà cité : « les femmes font les mœurs, les hommes font les lois, » et... si nous n'avons que des Bourbons, il est évident qu'ils seront embourbés ; mais il faut voir s'ils ne sont que *Bourbons*, et pour cela ne pas leur donner seulement la nourrriture des Bourbons, qu'en style de cour on appelle miel, confitures, douceurs, flatteries, flagorneries, mais jamais conseil hardi et vérité. — P. ENFANTIN. »

Arlès ayant mis quelque retard à répondre aux dernières lettres du maître, celui-ci s'en plaignit, dans une nouvelle missive du 15 avril, et qui commençait ainsi :

« Est-ce que vous me boudez tous les deux, Holstein et vous, cher ami ; j'en ai peur et je m'en afflige, car vous êtes, avec Lambert et Bruneau, qui ne sont pas il est vrai exposés aux aspérités de ma très-pénible vie, vous êtes les seuls qui n'ayez pas réalisé l'ancienne prophétie de Gustave à Ménilmontant, par laquelle il m'annonçait que, pour mon bien, il fallait que tous ceux qui m'aimaient me tournassent le dos. J'ai certainement contribué à réaliser la prophétie par mon caractère et vous l'avez supporté, vous et Holstein, en qualité de vieux et excellents amis, plus patiemment et plus longtemps que d'autres. Mais, ai-je comblé la mesure? J'espère encore que non, et j'attends avec une vive impatience que vous me le disiez.

» Je suis mieux, ainsi renvoyez-moi, sans vous gêner, bourrade pour boutade; j'ai meilleur dos pour les coups que pour le silence. Songez que Michel lui-même vous a dit qu'il concevait que, *seul*, je restasse saint-simonien pur. C'était dire qu'il pensait que je *devais être entêté*, tenace, pénétré aujourd'hui, comme il y a dix ans, de la valeur de ma mission et de ma personne....

» Mais pourquoi Holstein et vous seriez-vous fâchés contre moi? est-ce parce que, par extraordinaire, nous différons, vous deux et moi, sur quelques points; mais il y a tant de choses qui nous lient qu'il faut bien nous passer réciproquement celles qui nous séparent, et nous permettre même de nous les dire quelquefois un peu crûment.

» Mais pourquoi diable viens-je raisonner encore avec vous, quand il ne s'agit pour moi ni d'avoir raison ni de vous trouver tort, et de sentir que je n'ai pas blessé votre amitié.

» Dites-moi donc vite un mot qui fasse taire ma terrible faculté raisonneuse et qui vienne de votre cœur si bon à mon cœur.

» Je suis peiné, et, je le répète, mieux portant. Ainsi, guérissez-moi tout à fait même par un bon coup d'épée au cœur, le corps n'en souffrira pas.

. . . .

» A vous deux, chers amis, malgré toutes les prophéties du prophète. — P. ENFANTIN. »

Le mot venant du cœur ne se fit pas attendre, ni d'Arlès, ni d'Holstein; leurs lettres au Père devinrent au contraire plus fréquentes et plus cordiales que jamais.

Enfantin continua son séjour à Curson jusqu'à la mi-juillet, à peu près absorbé par la rédaction de son compte rendu au ministre de la guerre sur sa mission en Algérie. A cette époque, il sortit de sa retraite pour accompagner le général Saint-Cyr aux eaux de Vichy. Il fit ensuite un voyage en Angleterre, et revint à Paris à la fin de septembre. Il visita Meudon où la mère d'Arthur résidait avec son fils qu'Enfantin s'occupa de placer dans un collége.

Enfantin visita M. Boismilon, mais hélas ! sans plus rien espérer pour l'apostolat royal qu'il disait naguère vouloir pousser jusqu'au bout. Le jeune prince qui n'avait trouvé que l'étoffe d'un sous-préfet dans le grand penseur, qui avait la prétention d'appartenir à la dynastie de Moïse et de Jésus, venait d'être enlevé par un affreux accident qui plongeait dans le deuil et la consternation la dynastie d'Orléans.

« La Providence, a dit un disciple d'Enfantin, la Providence qui ne recule devant aucune rigueur contre les races souveraines qu'elle a le plus favorisées, dès que leur puissance ne s'exerce plus selon le plan qu'elle a tracé irrévocablement pour le développement des sociétés humaines ; la Providence ne voulut pas permettre que le duc d'Orléans pût devenir capable, en mûrissant, de triompher des préjugés de sa famille et de les sacrifier à l'esprit de son temps et de son pays. »

Cette catastrophe dynastique, déplorée par Enfantin, quelque méconnu qu'il eût été par l'infortuné prince, ne ralentit pas en lui l'ardeur apostolique à l'égard des grands. Il poursuivit son œuvre avec persévérance; se faisant tout à tous, toujours convaincu qu'il laissait quelque chose de son idée, un germe de ses fortes croyances, partout où il pouvait pénétrer. A défaut de princes, il y avait des ministres, de hauts fonctionnaires, des hommes puissants ou influents, dans le gouvernement ou dans la société, sur lesquels il croyait utile de continuer à exercer l'apostolat royal.

« Par les Talabot, écrivait-il le 11 octobre 1842 à Arlès, je me lance cette semaine dans les *ministères*, après avoir consacré la semaine précédente à *la cour*. Je dîne demain avec Cunin-Gridaine, je verrai Teste avec eux, peut-être Martin du Nord, et j'ai par leur ami Naudet l'entrée du cabinet du maréchal. — Les batteries sont donc en état et je vais commencer à les faire jouer, il m'a fallu tout ce temps pour les préparer. — Faudrait-il dire; mais qu'en sort-il souvent? — Du vent! nous verrons. »

Enfantin avait été admis auprès d'un des jeunes frères du duc d'Orléans, et il disait à Arlès au sujet de cette audience :

« Le duc d'Aumale a été fort gracieux; j'ai retrouvé près de lui, comme aide-de-camp, Beaufort d'Hautpoul, un ami d'Égypte, qui m'a revu avec cœur. — Cuvillier-Fleury m'a demandé des nouvelles de notre ami Michel, et quand j'ai été parti le prince a parlé en bons termes, et Cuvillier prétendait qu'on devait faire de moi un conseiller d'état. — P. ENFANTIN. »

C'était tout autre chose que rêvait le conseiller de TOUS. Pour indiquer à Arlès ce que c'était, il se contentait de lui dire :

« Je vois souvent, très-souvent, les Talabot; ce

nom seul vous suffira pour vous donner la mesure de ce qui roule dans ma tête; il me serait même impossible de le formuler autrement et plus clairement. » — Il entendait déjà sonner l'heure du percement de l'Isthme et des grandes lignes de chemins de fer; mais la question algérienne et la situation politique ne le préoccupaient pas moins.

» Blanqui est venu me dire en fort bons termes, écrivait-il encore à Arlès, que Guizot venait de lui offrir la direction des affaires d'Algérie, en lui parlant de la création prochaine d'un ministère spécial dont il fallait que Blanqui se mît en mesure d'être secrétaire général. Blanqui ajoutait : décidément je crois que notre temps approche. Je le crois aussi, — voilà pourquoi j'ouvre l'œil, j'écoute et j'ai le jarret tendu, très-mauvaise position pour vous écrire souvent. Le moment est furieusement intéressant, et comme je suis évidemment, pour mon compte particulier, dans la plus grande crise où je me sois encore trouvé, il me paraît difficile que mon *non moi* ne se trouve pas aussi logé à la même enseigne. Je suis et il est ce que nous étions, *lui* et *moi*, au commencement de 1830, quand je quittai la caisse hypothécaire pour la rue Monsigny et que Juillet se chauffait.

» P. Enfantin. »

A la fin de novembre, quoique toujours plongé dans ses études algériennes et appliqué à la rédaction de ses rapports et de ses observations comme membre de la commission scientifique, Enfantin ne cessait pas, ainsi que nous venons de le dire, d'avoir les yeux fixés sur le travail apostolique que lui et ses disciples accomplissaient isolément, chacun selon la forme particulière, selon la mission spéciale qu'il croyait être la sienne. Le maître fondait alors quelque espoir sur un mouvement qu'il apercevait dans le clergé catholique, comme s'il voulait se rapprocher des idées populaires à l'occasion de la liberté de l'enseignement, et il pensait qu'il fallait plutôt aider que contrarier cette tendance. Du reste, pour faire bien apprécier la situation d'esprit où il se trouvait à cet égard, nous ne saurions mieux faire que de citer ce qu'il écrivait à Lyon, le 23 novembre.

« Mon cher Arlès, en sa qualité d'homme respectueux et dévoué, Holstein ne s'est jamais gêné pour me dire autrefois ce qui le blessait dans notre conduite générale ou dans nos allures particulières; vous savez bien que les vieux *grognards* de la garde étaient respectueux et dévoués; or, Holstein était bien appelé le baron parmi nous, mais il était aussi nommé vieux grognard, ainsi qu'Ollivier et

Duguet, qui m'en ont fait avaler d'un peu dures et m'ont fait souvent de bonnes leçons qui m'ont été fort utiles. Quand bien même Holstein serait chez le roi, comme je l'y poussais il y a quelques années, je lui rappellerais quelquefois, y fût-il maître-d'hôtel ou maître de cérémonies, qu'il y est là pour *autre chose* que pour rédiger des menus, compter les bougies et ouvrir les portes aux ambassadeurs ; ma prétention ne serait pas de convertir par lui le roi, comme elle n'est pas de faire par lui de M. Jayr un Colbert, seulement je veux être pour Holstein une espèce de Mathieu Lansberg dans lequel il lise, afin qu'il dise, de temps à autre : Monsieur le préfet, je crois qu'il pleuvra, je vous engage à prendre votre parapluie, ou bien au contraire : le temps est au beau, quittez votre paletot ; ou bien même : c'est aujourd'hui le jour de couper vos ongles, ou de prendre médecine, ou de vous faire saigner. Dans ce but, je lui donne, comme vous dites, des énigmes à deviner, et c'est ce que j'ai toujours fait avec mes amis, afin qu'ils missent *du leur* dans les idées qu'ils recevaient *de moi* et qu'elles devinssent bien *à eux*. Et par exemple dans cette circonstance-ci, quand bien même vous et Holstein continueriez à dire que les calotins sont des hypocrites (ce qui est vrai), quand bien même vous leur feriez plus que jamais la guerre (ce qui a son très-bon côté); quand bien même l'un et l'autre, vous diriez à M. Jayr: ces gaillards-là veulent nous faire la queue, faisons-la leur; je serais enchanté d'avoir contribué à vous faire sentir qu'en 1843 le clergé est la question capitale de la politique et de l'administration, juste comme cela l'était, dans un autre sens, en 1827, 1829, comme cela ne l'était pas du tout en 1832, 33, 34.

» Maintenant je reviens plus directement au sujet de mes lettres précédentes. — Les articles au *Courrier* sur les légitimistes vous auront fait sentir, je pense, comment, même sans faire visite aux nobles et aux calotins, on peut pousser le parti à faire enfin un jour et prochainement ce que font maintenant et d'assez bonne grâce quelques organes de la république et du juste-milieu (*la Réforme*, même *le National* d'une part, *la Presse*, *le Courrier* et même *le Siècle* de l'autre); à entrer dans la voie des réformes sociales. En d'autres termes, Duveyrier et Barrault font des choses très-dissemblables, l'un à Londres, l'autre à Paris, mais ils poursuivent un même but et ils en ont tout à fait conscience; je n'admets pas encore que votre position d'affaires et de famille puisse vous forcer à *regarder faire*, puisque vous êtes à Lyon et que, d'après les renseignements mêmes que me donne Holstein, le parti légitimiste, surtout le clergé, y exerce une plus grande influence qu'en toute autre grande ville de France. Vous êtes dans la ville des *prêtres* et des *ouvriers*, et à moins qu'il y ait à Lyon un autre homme plus capable que vous de suivre ce mouvement du *clergé* vers les idées *populaires*, je ne vois pas comment vous pourriez, même quand vous le voudriez ou le croiriez, vous abstenir d'être, et même d'être signalé bientôt comme le représentant de ce mouvement.

» Je le répète, il est possible qu'à Lyon ce mouvement doive être favorisé d'une tout autre manière que sous la forme prise par Duveyrier, et c'est ici qu'il était bon de vous donner à vous et à Holstein des énigmes à deviner, afin que votre forme se manifestât. — Ce n'est pas encore trop clair et vous-mêmes êtes deux énigmes que je cherche à deviner en ce moment. — Je commence à penser qu'il se pourrait que votre rôle fût, au lieu d'entrer par la porte chez M. de Bonald, non pas tout à fait de casser les fenêtres de l'archevêché, mais enfin de pousser Luther et Calvin à être les moniteurs, *par l'exemple*, des hypocrites calotins. Vous qui trouvez sans doute que les ministres du saint Évangile sont moins hypocrites que ceux de Rome, vous qui d'ailleurs n'auriez à blesser en rien par cette pensée vos relations de famille, enfin vous qui avez la fibre révolutionnaire, peut-être vous conviendra-t-il mieux et sera-t-il meilleur pour Lyon que vous preniez la forme belliqueuse, *pourvu que* vous soyez bien fixé sur le *but* du combat. Faire la guerre aux jésuites *pour* enfoncer l'université dans la voie progressive est une fort bonne chose ; manger du calotin *pour* que le gouvernement fasse ce que le calotin faisait jadis et fait même encore plus et mieux que le gouvernement, c'est-à-dire pour que ce dit gouvernement de bourgeois s'occupe de *moraliser*, d'*instruire* et de *soigner* le peuple, c'est très-orthodoxe encore. Vous voyez que je ne suis pas difficile sur la forme, si je suis tenace pour le fond. Holstein me dit que le clergé s'avance par les femmes; or, comme ni vous ni lui ne vous proposez sans doute de rivaliser avec le clergé dans cette direction, et qu'en attendant le clergé s'empare, avec la maman, de l'enfant, je vois qu'Holstein, ainsi que M. Jayr, dira bientôt comme Charles X : Je ne puis que gémir ! Holstein dit bien : Si l'*on* n'y prend garde, nous aurons bientôt des faits bien plus graves que la lettre du cardinal ; qu'est-ce que *on*, si ce n'est M. le préfet ? qu'il y prenne donc garde. — Le jour où M. Jayr *prendra garde* à tout ceci, mes énigmes à Holstein paraîtraient bien claires. Or il dépend beaucoup de vous et d'Holstein qu'il y prenne garde plus attentivement qu'il ne prend garde aux élections, à la conscription ou même aux émeutes d'ouvriers, car ce ne sont ni les ouvriers, ni les conscrits, ni les électeurs qui sont les hommes les plus importants à *surveiller*, à *diriger*, à *administrer* à Lyon en 1842, ce sont les calotins qui séduisent les femmes et volent les enfants. Vous voyez que je me mets à l'unisson de votre vocabulaire, en traitant ainsi le clergé catholique, c'est-à-dire la plus belle institution qui existe encore aujourd'hui, corporation qui doit contenir certainement dans son vaste sein plus d'éléments d'avenir que n'en renferme la grande corporation militaire, beaucoup plus que n'en renferme la corporation des *pions* de l'université, beaucoup plus que n'en renferme la corporation des ministres du saint Évangile. Songez donc que ces gaillards possèdent les églises et les chaires, les hôpitaux et les écoles de petits garçons et de petites filles, tandis que le parlementaire n'a que deux clubs et deux tribunes où l'on est cent fois plus hypocrite que dans les sermons et au confessionnal. Sur 40,000 prêtres, je parie qu'il y en a aujourd'hui au moins 35,000 qui sont fils de prolétaires ! Adieu, mon vieux. — A vous. — P. ENFANTIN. »

Le 1er décembre, Enfantin est amené par l'état de ses relations avec quelques-uns de ses anciens disciples, complétement réconciliés en apparence avec le vieux monde, à développer sa pensée sur la diversité des vocations, comme expliquant et justifiant la diversité des apostolats. Mais en admettant cette justification au profit de la propagande indirecte, il entend bien garder pour lui la pleine indépendance de la propagation directe, inséparable en lui de la primauté.

« Michel, dit-il à Arlès, d'Eichthal et Duveyrier suivent, comme nous tous, leur propre ligne de conduite ; le malheur serait qu'ils crussent que cette ligne est la seule bonne et surtout que cette ligne doive être la mienne, et que je doive me modeler sur eux, chanter ce qu'ils chantent : *le ciel est beau, la terre est douce*, tandis que d'autres chantent ; *tout est mort, faisons toutes choses nouvelles*. Entre les *conservateurs* et les *novateurs*, je dois trouver ou plutôt conserver ma place ; les uns ont des places, de la fortune, de la famille, de l'ambition *actuelle*, les autres n'ont rien ou sont brûlés de grands *désirs pour tous ;* les premiers sont sur des roses dont ils ne voient et ne sentent pas, ou ne sentent plus les épines ; les autres sont déchirés et désirent changer de couche. Je rends grâces à Michel, comme à Charles, aussi bien qu'à vous, cher ami révolutionnaire, de me rappeler, eux et vous, chacun à votre manière, ma mission. Vous, vous me dites : *Rome est dans les fers;* soyez certains que je ne m'*endors* pas. Eux, ils me disent : *nous sommes dans le meilleur des mondes;* ils doivent être certains que je n'ai nulle envie de *troubler* ni eux ni leur monde.

» La lettre d'Holstein à vous et la vôtre m'ont été douces.

» Boismilon, que j'ai vu hier, m'a montré la seule chose qui m'ait paru rappeler convenablement et douloureusement le prince; c'est le moule pris sur lui le 14; mais on ne l'a moulé que pour les membres de la famille; quant aux autres choses, statuettes ou gravures, même Ingres, c'est bien peu attirant et attachant ; au reste je n'ai pas senti que je pusse dire à Boismilon autre chose que ces mots : Arlès n'a aucun souvenir du prince, et il m'a semblé que ces mots glissaient inentendus. Il n'a pas pu encore me rendre mes lettres, ce ne sera qu'après le retour de la duchesse en janvier.

» P. ENFANTIN. »

Si le saint-simonisme anonyme, continuant sa course à travers le vieux monde et marchant, sans enseignes propres et sous pavillon étranger, à la découverte et à la conquête d'un monde nouveau, ne pouvait suffire évidemment à l'ardeur apostolique du maître et le maintenir à la hauteur où il était heureux et fier de s'être placé devant ses juges, il est certain aussi que le prosélytisme, réduit à garder l'incognito par la persistance des préventions aveugles dont il était l'objet, fit acte de persévérance parmi les prolétaires saint-simoniens par des publications plus significatives, plus empreintes peut-être de l'esprit du nouveau christianisme, que ne l'étaient la plupart des œuvres accomplies à cette époque par l'apostolat indirect des disciples sortis des rangs de la bourgeoisie. Dès 1839, ces prolétaires, Vinçard à leur tête, avaient fondé la *Ruche populaire*. Là, écrivaient Savinien Lapointe, Lachambaudie, Raymond Bonheur, Desplanches, Gallé, Biard, Ponty, Varin, Vannosthal, etc., etc. On avait lu, dans un nº de janvier 1840, cet appel du *Bon pasteur :*

» Allez premiers et saints élans de nos âmes, allez répandre sur tous le baume divin de notre amour et de notre espérance ! Allez faire entendre au monde l'accent calme, grave et sonore d'un peuple qui sent sa dignité, qui sait ses droits, qui comprend ses devoirs.

» Allez sous les mille formes que Dieu, dans sa toute-puissance, inspire à notre imagination prolétaire !

» Ralliez dans une même communion, sous la même bannière pacifique, tous les enfants de Dieu qui travaillent, souffrent, pleurent et prient.

» Discours sérieux, simples causeries, contes, fables, chansons, allez, allez rendre l'espoir et la foi dans l'avenir, à tous ceux pour qui l'attente est si pénible.

» VINÇARD, *fabricant de mesures linéaires.* »

Les saint-simoniens de la *Ruche populaire* se trouvèrent pourtant exposés, derrière le voile qui couvrait l'origine et le nom de leurs doctrines, à être attaqués comme manquant d'idées nettes, de couleur et de but. On leur reprocha en effet de s'agiter dans le vague, d'être privés de lien et de direction, et d'écrire au jour le jour, sans rien dire qui indiquât clairement où ils voulaient aboutir. Ce fut Vinçard qui releva cette accusation :

« Oui, dit-il, nous sommes sans avenir, sans Providence, oui tout est donné au hasard dans la vie qu'on nous a fait. Eh bien ! nous nous proposons de donner une direction sainte pour que tous aient part au bonheur, pour que le travail et le mérite aient seuls des titres à l'honneur, à la gloire et à l'amour de tous. Vous demandez ce que nous voulons? Un gouvernement qui soit une paternité et non une tyrannie, un ordre qui soit selon le mérite et non selon la naissance; qui soit l'association, et non le morcellement ou le chacun pour soi; une patrie qui soit une famille, et non des castes diverses, patriciennes et plébéiennes.

» Nous voulons le bonheur pour tous et non pour un petit nombre; et, pour arriver à ce but, tous les moyens sont saints et religieux, quand on a notre étendard, quand on a notre principe [1],

» A nous, la réforme,

» A nous, l'association,

» A nous, le gouvernement pour tous,

» A nous, LE RÈGNE DE DIEU SUR LA TERRE!

1. Vinçard revint sur le reproche adressé à la *Ruche populaire* de manquer de principes et de drapeau : « Oser dire que nous n'avons pas de drapeau, dit-il, eh quoi! vous ne voyez pas cet étendard pacifique dont les vastes plis embrasseront un jour toute la terre?

» *Nous n'avons pas de principes?*

» Eh quoi! le dogme sacré de la fraternité universelle n'est-il pas écrit sur toutes les pages de notre livre?

» Notre drapeau, c'est celui de la paix.

» Notre principe, c'est la fraternité.

» Qui donc a une plus sainte bannière? Qui donc a un plus religieux principe? »

» Et tant que nous ne vous verrons pas à notre tête, vous, savants, vous les puissants de la terre, vous les forts, vous hommes généreux que nous attendons, tant que vous ne viendrez pas publiquement vous joindre à nous de cœur et d'âme, notre plainte sera incessante et vous poursuivra jusque dans la nuit des temps. »

Nous avons vu par la correspondance d'Enfantin, qu'Olinde Rodrigues se lassait du silence gardé autour du nom de Saint-Simon, et que le feu apostolique dont il était plein allait jeter de nouvelles flammes. La *Ruche populaire* avait confié au public cette reprise de la propagande par le premier disciple de Saint-Simon.

« Nous avons tenu nos lecteurs au courant des efforts tentés par M. O. Rodrigues, disait-elle, pour réunir le capital nécessaire à la fondation d'un journal quotidien ; nous avons à leur apprendre aujourd'hui que, pour satisfaire plus vite aux désirs des personnes qui les premières ont répondu à son appel, M. O. Rodrigues s'est décidé à publier une revue mensuelle, en attendant qu'il lui soit possible de faire mieux. Le comité de rédaction qui s'organise en ce moment a déjà réuni les noms de MM. Blanqui, Fournel, Michel Chevalier et du docteur Villermé. Nous croyons pouvoir affirmer que cette publication, qui doit être le drapeau du parti social, aura paru avant la fin de ce mois. Nul n'est plus empressé que M. O. Rodrigues a tenir ses promesses. C'est un homme actif et consciencieux qui peut se rendre ce témoignage qu'il ne néglige aucun effort pour mieux servir la cause du progrès.

» Le recueil de vers que nous avions annoncé le mois dernier vient de paraître sous ce titre : POÉSIES SOCIALES DES OUVRIERS, *réunies et publiées par* O. RODRIGUES. »

» Ce volume arrive à point pour faire contrepoids au réquisitoire de la cour des pairs, à ce laborieux travail qui constate, à la grande surprise des bourgeois, ce que nous autres savions très-bien, attendu qu'on n'en fait pas mystère, qu'il existe dans toutes les grandes villes des centres de propagation communiste où les mesures les plus radicales sont chaque jour recommandées comme étant seules capables de remédier aux souffrances trop réelles des masses. Lorsque messieurs les pairs, qui ont eu la loyauté d'avouer *que les vicissitudes inséparables du développement illimité de l'industrie exposent les classes ouvrières à des misères momentanées*, se rappelleront, après avoir fait justice d'un déplorable et cruel attentat, qu'il est aussi de leur devoir d'en prévenir le retour ; nous sommes heureux de penser qu'alors ils entendront retentir à leurs oreilles ces paroles que nous empruntons à l'éloquente préface par laquelle M. O. Rodrigues a voulu ouvrir dignement le livre des POÉSIES SOCIALES DES OUVRIERS. »

« Ecoutez-les donc, ces envoyés des classes nom-
» breuses, vous tous qui avez la puissance de
» répondre à leur appel, car ils ne s'adressent à
» vous désormais qu'avec les armes de l'intelli-
» gence ! C'est de vos lumières supérieures, c'est
» de vos plus larges sympathies qu'ils attendent
» une organisation féconde, une coordination puis-
» sante des travaux de la paix. »

JULIEN GALLÉ, tapissier.

Enfantin entretenait alors une correspondance active avec un ancien magistrat, M. Albert Duboys, de Grenoble, esprit élevé et catholique zélé. Ses lettres furent publiées un peu plus tard. Mais il s'occupait spécialement de son travail sur l'Algérie, au sujet duquel il écrivit à M. le comte de Gasparin la lettre suivante :

« Paris, 13 mars 1843.

» Monsieur le comte,

» Je vous remercie d'avoir bien voulu m'indiquer

la principale critique que vous faites de mon ouvrage, et je vous demande la permission d'y répondre ; le sujet est si important, si pratique, et votre opinion doit avoir une telle influence dans les mesures à prendre que vous excuserez ma persistance à défendre une idée qui, en effet, doit rencontrer chez nous, dans la France du XIXe siècle, des obstacles de discussion et d'exécution.

» Je regretterais d'avoir cité le curieux passage de M. Dupin sur les communautés agricoles de la Nièvre, et d'avoir parlé du *fundus* romain, des *colonies militaires* d'Autriche et des *paysans* de la Bohême, et même des communautés religieuses, si ces citations vous ont fait penser que mon intention était de mettre dans mon livre le mot de *communauté* là où j'ai toujours mis celui d'*association*.

» Je vous prie de remarquer que cette différence de mot est essentielle. Le mot de communauté implique l'idée d'*égalité*, tandis que celui d'association entraîne au contraire avec lui l'idée de proportions, de différences entre les associés, de hiérarchie basée sur des *droits inégaux*.

» Dans une association, en travaillant pour *tous*, chacun travaille pour *soi;* parce que la part de bénéfice de chacun est *proportionnée* au *rang* que chacun occupe dans l'association.

» Je conviens avec vous que si l'on veut faire des associations agricoles ou autres avec le principe *égalitaire* des communautés, on n'arrivera à rien, à moins d'avoir, comme moyen d'ordre et d'autorité, ou une croyance religieuse très-puissante, ou la discipline du bâton. Ces deux moyens me semblent peu praticables au XIXe siècle.

» Toutefois ce que j'ai proposé pour les colonies *militaires* de l'Algérie me paraît pouvoir comporter plus complétement que dans les colonies *civiles*, l'exploitation collective du sol; parce que, dans l'*ordre militaire*, la hiérarchie, l'autorité, la direction du travail existent déjà, tandis que c'est précisément ce qui est à créer, ce qui n'existe pas dans l'ordre *civil*, non-seulement en Algérie mais en France.

» Vous me dites que l'*expérience* vient de condamner l'exploitation en commun et que le lot commun va être distribué en lots individuels; permettez-moi de vous dire que c'est se dégoûter un peu vite de ce procédé, dans un pays où, depuis treize ans, l'exploitation individuelle n'a rien pu produire, et a été la cause et l'objet de nombreux désastres. Si l'on renonce à l'exploitation en commun (je me sers toujours de votre mot et non du mien), parce que depuis un an elle n'a rien produit, on devrait renoncer, à plus juste titre, à l'appropriation individuelle qui, depuis treize ans, n'a occasionné que des ruines.

» L'exploitation par association exige, il est vrai, impérieusement une administration qui dirige, qui sache, qui ait volonté ; c'est là, soyez-en certain, ce qui empêche l'administration actuelle de faire prospérer et même de concevoir et d'organiser des associations ; elle a donc essayé des *communautés*, moins la religion et moins la discipline militaire, par conséquent ces communautés devaient être infécondes et rester en friche. Cela ne prouve pas du tout contre le principe d'association, mais contre l'administration qui ne comprend pas et ne pratique pas ce principe, et qui a eu la bonhomie de tenter presque du communisme. Des compagnies commerciales qui se proposeraient de coloniser l'Algérie, feraient certainement ce que l'administration actuelle ne sait pas et ne peut pas faire, parce que ces compagnies seraient elles-mêmes des associations; mais, je l'avoue, je préférerais que le gouvernement devînt assez intelligent des intérêts et des procédés d'association, pour diriger lui-même la colonisation par associations.

» Je répète, avec insistance, ce mot d'association, précisément parce que je vois dans votre billet la répétition fréquente des mots *commun* et *communauté,* et que je tiens infiniment à éviter une confusion qui, selon moi, s'oppose à ce que le gouvernement entre, comme on l'y appelle, dans l'ère organisatrice du travail et qui l'empêche également de reconnaître ce qu'il y a de légitime, même sous les *folies* communistes, aussi bien que dans les *rêves* de communautés religieuses chrétiennes; les premières n'auront pas l'avenir, les autres n'ont que le passé; les unes et les autres sont négligentes pour le présent, et ne sont tout au plus que du ressort d'une bonne police. Il n'en est pas de même des *associations très-temporelles,* dont le domaine s'accroît sans cesse, depuis trente ans surtout; celles-ci, selon moi, renferment un germe fécond ou plutôt qui sera fécondé quand le gouvernement aura compris que c'est vraiment un germe d'avenir et qu'il faut l'aider à se développer; que si, au contraire, le gouvernement s'en tient au principe de dissolution, de désassociation et de mort qui *heureusement* a tué l'ancien régime de la propriété féodale, s'il s'en tient à l'individualisme, à l'égoïsme, au chacun pour soi, il ne recueillera de ce principe que ce qu'il peut donner, la décrépitude et la mort.

» Enfin, s'il est évident qu'en employant un

principe nouveau de gouvernement on doit faire des écoles, je crois qu'il vaut mieux engager à persévérer dans cette voie, malgré les écoles, que d'engager à reprendre une vieille route qui ne peut conduire qu'à la tombe.

» Je ne m'explique pas bien, d'ailleurs, Monsieur le comte, comment un administrateur tel que vous n'est pas tout à fait désenchanté des efforts inutiles que l'on fait pour constituer des réunions d'êtres humains, des sociétés, uniquement ou principalement avec l'*égoïsme de la propriété privée*. Il n'y a, dans le monde entier que la France, depuis cinquante ans, qui se soit proposé de résoudre un tel problème, aussi insoluble que la quadrature du cercle, et les administrateurs, ce me semble, devraient être les premiers à sentir et à voir d'où vient que le problème a été ainsi posé et à quoi il a servi. Avec lui on a détruit une ancienne société, mais je défie qu'avec lui on en fonde une nouvelle; une *société* sera toujours une *association* et non une agglomération d'éléments hostiles, rivaux, jaloux, égoïstes, sans principe *commun*, sans base *collective*, sans but *général*. En Algérie, plus qu'ailleurs, si les Français portent leur égoïsme et rien que cela, il les y rongera comme il l'a fait jusqu'à ce jour. Vous savez qu'il leur est difficile d'y porter leur religion (on ne peut porter que ce qu'on a), comment donc lutterait-on contre la tribu et contre le Coran?

» Je le répète, les nouvelles que l'on vous donne du résultat de l'essai absurde de propriété collective fait à Alger, prouvent que les administrateurs d'Alger n'entendent rien à une association agricole, mais voilà tout; et si vous connaissez ces messieurs, je ne crois pas qu'il vous soit possible de trouver cette conséquence que je tire de leur insuccès, exagérée et injuste.

» Vous en concluez, au contraire, que c'est le principe d'association qui a tort; il me semble que ma conclusion a plus de chances de vérité que la vôtre.

» Dans tous les cas, j'ose prendre la liberté de vous prier, vous Monsieur le comte, qui êtes en position de contribuer puissamment à l'adoption des procédés que la France emploiera pour coloniser l'Algérie, de ne pas prohiber les essais d'*association* dans ce pays; et si vous vous limitez aux tentatives *individuelles*, de leur appliquer alors rigoureusement le principe que les économistes ont très-justement inventé pour elles, de les *laisser* faire complétement, de ne pas les *encourager*, d'y laisser le gouvernement *étranger*.

» Mais faire gouvernementalement du désordre et de l'anarchie, exciter, encourager, payer des entreprises qui n'auront, comme elles n'ont eu jusqu'ici, qu'une existence honteuse et une fin déplorable, sans doute ce ne serait pas une faute volontaire, un crime, ce ne serait qu'une erreur funeste ; et pourtant n'oublions pas que, par beaucoup d'hommes, le gouvernement français est soupçonné de vouloir dégoûter la France de l'Algérie. Mieux vaudrait son inaction complète qu'une action démoralisante, dissolvante, ruineuse, antisociale, même avec l'excuse d'ignorance.

» Je vous demande pardon de cette longue lettre, j'espère que vous y verrez la preuve de l'importance que j'attache à l'opinion que vous avez bien voulu porter sur mon livre, et à l'influence si bien méritée que vous pouvez exercer sur nos affaires d'Algérie. Je désire surtout que vous retrouviez les sentiments de haute estime qu'à une autre époque, à Lyon, mon ami Arlès vous a dit que j'avais pour votre personne. Je vous les renouvelle ici, Monsieur le comte, avec l'assurance de ma considération distinguée. — P. Enfantin. »

Le manuscrit de ce travail, qui fut publié sous le titre : *Colonisation de l'Algérie*, avait été adressé, sous forme de rapport, au ministre de la guerre[1] qui le renvoya à son auteur. Enfantin le transmit alors à d'Eichthal avec ces quelques mots :

« Mon cher Gustave, j'espère que tu recevras comme un bon souvenir le manuscrit que je t'envoie : c'est celui que j'avais remis au ministère de la guerre et qui, refusé par le ministre, a servi à l'impression de mon ouvrage. Une copie de ce manuscrit est dans les mains du duc d'Aumale à qui je l'ai remise. — P. ENFANTIN. »

Les communications saint-simoniennes au duc d'Aumale n'agirent pas plus sur lui qu'elles n'a-

1. Dans une de ses lettres à Arlès, Enfantin lui disait à ce sujet :

« M. Martin du Nord, devisant chez lui avec des magistrats, disait ces jours-ci : — M. Enfantin a mis une susceptibilité et une fierté très-extraordinaires dans ses rapports avec le ministre de la guerre ; il ne s'est prêté à aucune suppression et correction, et a refusé d'être aidé dans la publication. — Alors un magistrat plaisant a dit : — Il paraît que les saint-simoniens ont toujours de l'argent à leur disposition. — Bégé, jouant au wisth, entendait cette conversation derrière lui et il prit la parole pour rectifier en partie la chose. Vous voyez bien qu'on nous croit riches et fiers et qu'on ne s'attend pas à ce que nous marchandions nos éditeurs et fassions des courbettes à nos juges. J'en suis à ma dixième feuille, et j'espère en finir bientôt. Mais la vie que je mène m'éreinte et m'use terriblement ; je ne suis pas content de ma santé ; la tête et le ventre, l'esprit et la chair souffrent parce que le cœur n'est pas à l'aise. Enfin je terminerai ainsi ma quarante-septième année, et dès que ma quarante-huitième s'ouvrira, je veux m'ouvrir aussi une autre vie que celle que j'ai menée depuis quatre mois. Il y a beaucoup de choses et d'hommes auxquels je me sens disposé à dire adieu. »

vaient opéré sur le duc d'Orléans. L'aveuglement providentiel était dans la race : ni cadets ni aînés ne devaient y échapper. Enfantin, méconnu, oublié, et conservant malgré tout, selon le mot de M. Martin du Nord, sa susceptibilité et sa fierté, écrivit le 12 juillet 1843 à Arlès :

« Si d'ici à deux ans je ne trouve pas moyen de gagner du pain, j'irai manger de la pogne de Curson ou du riz en Chine, ou bien j'irai vivre chez les anthropophages, car j'aime assez *la chair*.

» En attendant, je souffre dans ma chair ou dans mes os, car j'ai des maux de dents qui me rongent et qui m'empêchent de ronger et même de songer. C'est en partie à la sainte Église catholique, peu amie de la chair, que je dois ce martyre, c'est à Notre-Dame, avec ses dalles froides, ses courants d'air glacés et même sa belle parole qui ne m'échauffait pas même les oreilles. J'y étais dimanche avec Duveyrier et Jourdan, et nous avons rencontré le sculpteur Bra. La veille, avec Achille Bégé, sa fille, et Mlle D., j'avais été déjà pris comme dans un guêpier à Saint-Louis-d'Antin, où j'allais pour entendre M. de Guerry et où il m'a fallu avaler un second sermon, des cantiques, un orchestre bien céleste, car il ne jouait pas de notre musique de la terre, une bénédiction d'évêque et surtout de l'encens qui m'a donné un mal de tête fou, précurseur du mal de dents du lendemain.

» Vous voyez à quoi me condamne ma velléité religieuse, mais on aime souvent des gens qui vous font du mal, et, à tout prendre, je crois bien que j'attraperais des maladies plus graves si j'allais au club parlementaire.

» Jourdan et Bareste ont été mes aides pour le déménagement et m'ont été fort utiles. Cendrier, l'architecte, a été mis aussi à contribution pour choses de son ressort. — P. ENFANTIN. »

Saint-Simon avait dit : — *Depuis quinze jours je mange du pain et je bois de l'eau, je travaille sans feu, et j'ai vendu jusqu'à mes habits pour fournir aux frais de copie de mon travail.* — Et Saint-Simon, sous le poids de cette affreuse misère, avait gardé sa foi en Dieu et en lui-même, et continué courageusement l'expansion de *la pensée qui doit sauver le genre humain.* Trente ans plus tard, l'héritier, le dépositaire, le propagateur le plus hardi et le plus fécond de cette pensée, après l'avoir répandue avec éclat en Europe, en Afrique et dans l'Orient; après avoir vu accourir autour de lui les élèves les plus distingués de la première école du monde; après avoir mis les princes de la plus ancienne des familles royales en position d'apprécier la grandeur et la portée de ses vues. Enfantin se voit réduit à subir l'offre d'une sous-préfecture, puis à opter, faute de moyen de gagner du pain, entre la *pogne* de Curson, le *riz* de Chine et la *chair* des anthropophages! Les anciens suppliciaient les novateurs, mais ce supplice ne durait qu'un instant; les modernes devaient tuer plus lentement le révélateur du nouveau christianisme et l'annonciateur de l'affranchissement des femmes et des prolétaires!!!

Le désespoir toutefois était plutôt sur les lèvres ou sous la plume d'Enfantin que dans son cœur et dans sa tête. Au moment même où il jetait un mot d'ironie amère à la face du monde qui ne savait pas ou ne voulait pas le comprendre, il s'occupait plus que jamais d'améliorations morales, intellectuelles et matérielles pour ce monde; il faisait marcher de front sa correspondance philosophique et religieuse, ses travaux dogmatiques, ses études et ses plans sur le canal de Suez et sur le développement des grandes voies ferrées. C'était surtout en considération du succès de ces plans qu'il se rapprochait des hommes puissants dans la politique ou dans l'industrie, et quand il éprouvait de ce côté des déceptions et des mécomptes, il n'en était pas ébranlé dans ses résolutions, et il y puisait des enseignements qui n'étaient pas pour lui sans satisfaction et sans utilité.

« Rivet, dit-il à Arlès (lettre du 17 juin 1843), le maréchal Soult, Boismilon, etc., etc., enfin tous les grands seigneurs dont j'ai fait ma société pendant les premiers mois de mon retour à Paris, doivent me croire en Chine, ou mort et enterré, car je ne me suis plus donné le plaisir d'aller les visiter, ou manger leur pâtée, ou faire leur whist, ou arpenter leur antichambre. Aucun d'eux n'est venu voir si j'avais tourné l'œil ou les talons; grand bien leur fasse! Je voulais voir où ils en étaient, je le sais maintenant. »

A la même époque, Enfantin voyait souvent Lamartine. « Lundi dernier, écrivait-il à Arlès, j'ai dîné chez Lamartine. Il m'a demandé de quoi je m'occupais; je lui ai répondu : de dogme. Toutefois, je lui ai indiqué par un exemple (la suppression du *maintenant* dans la phrase : Mon royaume n'est pas de ce monde) que ceci ne me faisait pas chercher mon point d'appui seulement dans le ciel, mais aussi sur la terre, dans la politique autant que dans la théologie.

» Il m'a dit que j'étais bien heureux de me plonger là dedans, que ce serait son bonheur, son goût, qu'il s'en occuperait autant qu'il le pourrait à Saint-

Point ; il m'a engagé à venir l'y voir et compte vous y voir aussi. Tout cela est bien bon, mais on a parlé là de Saint-Point, et à entendre les amis du poëte, Saint-Point est le Ferney du XIXe siècle, campagne où l'on remue énormément d'idées en jouant, causant, cavalcadant, ce qui fait de très-bonnes idées pour remuer, démolir, renverser, bousculer, mais non pour fonder solidement et construire. Saint-Point est tout au plus parlementaire, comme Ferney était révolutionnaire. M. de Voltaire et M. de Lamartine sont frères par plus d'un point, mais le premier a sans cesse mis écus sur écus, l'autre a fait le contraire ; Voltaire a tout ruiné en s'enrichissant, il faut que l'autre en se ruinant découvre le trésor du monde : DIEU ! et Saint-Point ressemble trop à Ferney pour que Dieu s'y promène à cheval ou en calèche. Parlant de Bible, je ne sais comment quelqu'un, Lamartine peut-être, vint à dire que Moïse serait un beau sujet de tragédie, et on l'engageait à se donner ce divertissement ; la conversation était générale, j'eus peur de me faire huer, et je me contentai de dire à mon voisin : *On a fait aussi une tragédie sur Jésus-Christ ; je ne sais pas le nom d'auteur, mais elle s'appelle la* MESSE, *on la joue depuis dix-huit siècles.* Moïse en tragédie et Dieu à Saint-

Point, c'est à peu près de même force ; Mahomet, au contraire (ou l'*Imposteur*) a dû s'écrire à Ferney, mais certes la messe n'a pas été faite en sautant, dansant, chantant, batifolant et parlementant. .

» Je continue la correspondance dogmatique dont je vous ai parlé ; cela se grossit et deviendra pour moi, comme ma correspondance algérienne, la base d'un ouvrage où je pourrai parler de religion sans blesser le *prêtre*, comme j'ai parlé de politique sans trop effaroucher le *bourgeois*.

» P. ENFANTIN. »

Sans être fatigué d'écrire à son vieil ami, Enfantin aurait voulu que la parole pût remplacer pendant quelque temps sa plume et que leur correspondance fût interrompue par quelques jours de vie commune.

« Venez donc pour votre chemin de fer ou pour tout autre motif, lui écrivait-il le 30 décembre 1843, j'ai besoin de vous embrasser en commençant 1844, parce que je crois que cette année sera encore lourde pour moi de solitude. Avant mes cinquante ans, je ne compte sur rien de *neuf* pour moi, parce que, pour qu'il y ait du *neuf*, il faut que je sois *vieux*. Je l'ai toujours dit et je le pense plus que jamais ; aussi il y aura du TRÈS-NEUF, quand je serai PLUS QUE VIEUX, c'est-à-dire MORT ET RESSUSCITÉ ; et quand même chose vous sera arrivée, nous nous donnerons une fameuse poignée de main pour recommencer la danse dont Holstein aussi sera. Alors nos moutards d'aujourd'hui commenceront à leur tour à tomber dans les ganaches, etc., etc., *per omnia sæcula*, etc. — Adieu, mon vieux...

» P. ENFANTIN. »

Pendant que le maître prophétisait le *très-neuf* selon les idées saint-simoniennes, pour le temps où il aurait été appelé à une vie nouvelle, ceux de ses disciples qui s'étaient associés à la fondation de la *Ruche populaire* en 1839, poursuivaient leur mission d'enseignement indirect après la disparition de cette feuille, en prenant part à la publication d'un bulletin des ouvriers sous un nouveau titre annoncé par eux en ces termes :

« Le désir de reconstituer sur de nouvelles bases la *Ruche populaire* que nous avons fondée il y a quatre ans, nous a réunis de nouveau. Nous nous sommes occupés de poursuivre l'œuvre commencée sous le titre de l'*Union*, bulletin des ouvriers... »

Venaient ensuite les noms des fondateurs :

« Moret, orfèvre; Bouteiller, peintre sur porcelaine; C. Desbaux, commis en soieries; Bunel, opticien; Paton, employé; Rozenfeld, écrivain lithographe; L.-J. Vannostal, typographe; Schachérer, tourneur en cuivre; Raymond Bonheur, peintre; Vinçard aîné, fabricant de mesures linéaires; Michel Roly, menuisier; Ducatel, orfévre; Cosson, graveur; Lenz, tailleur; Pierre Vinçard, graveur; Maugey, commis; Mora, doreur; Savinien Lapointe, cordonnier; Chrétien, peintre sur porcelaine; Desplanches, tailleur; Gallé, tapissier; Goupy, bijoutier; Pol Justus, peintre; Cécile Ducour, ouvrière en modes; Mercier, graveur; Ponty, ouvrier en vidanges; Battandier, corroyeur; J.-B. Defremont, corroyeur; Louis Defremont, corroyeur; Defremont aîné, corroyeur; Menouillard, corroyeur; Monnin, dessinateur; Emile Varin, fabricant de produits chimiques; Dupuis, tailleur. »

Cette annonce était suivie d'un *simple exposé* où il était dit :

« Les rédacteurs de la *Ruche* ont passé de la théorie à l'action, de l'étude des systèmes sociaux à l'étude des faits sociaux.

» Ils sont convenus de consacrer les colonnes supérieures de cette feuille à l'enregistrement méthodique de tous les faits qui, de près ou de loin, peuvent intéresser l'idée nouvelle de l'organisation du travail. Leur but, en rapprochant tous ces faits aujourd'hui épars dans les journaux, est de former, chaque mois, un faisceau de preuves venant, à l'appui les unes des autres, déposer irrécusablement des maux que l'organisation du travail fait endurer aux ouvriers.

» Notre journal sera, comme nous l'appelons, le bulletin des ouvriers, le bulletin de l'armée industrielle de ces esclaves héroïques qu'étouffent le feu et les éboulements des mines, qu'empoisonnent les exhalaisons des acides, que broient les rouages des machines à vapeur, et qui payent de leur vie les richesses de l'État.

» Dans nos annales, nous publierons leur misère et leur ignorance, et les vices qu'elles engendrent, et les semences de vertu qu'elles ne peuvent venir à bout de détruire.

» Nous rattacherons, par des commentaires laconiques, les effets à leurs causes; nous implorerons des remèdes, quand nous ne pourrons les indiquer.

» Nous saurons respecter l'éloquence des faits, quand ils parleront d'eux-mêmes.

» Nous nous adresserons aux particuliers, pour adoucir les tortures de cette époque de transition ; au gouvernement, pour les abolir.

» Tel est notre plan.

» Mais pour laisser un libre cours aux différents penchants de l'esprit humain, nous avons réservé aux élucubrations de nos amis, les philosophes et les poëtes, les publicistes et les économistes, un feuilleton où ils nous rendront compte de leurs impressions, et de la signification qu'entraînera à leurs yeux l'enchaînement des faits, mis en regard de leurs écrits.

» Nous n'imposerons qu'une seule condition à tous ceux qui voudront bien nous confier le développement de leurs pensées et de leurs systèmes, ce sera de ne proposer à la société, dans la voie du progrès, que des révolutions pacifiques, parce que, comme l'a dit Jésus-Christ, « la paix doit être sur la terre avec les hommes de bonne volonté. »

» PATON. »

XL

(1844)

Cette année ne devait pas être pour Enfantin aussi lourde de solitude qu'il l'avait craint. Deux membres de la commission d'Afrique, MM. Carette et Warnier, et un écrivain de talent, Louis Jourdan, s'associèrent à lui pour fonder un journal sous ce titre : l'*Algérie*. L'entreprise offrait des obstacles, les préparatifs furent laborieux ; on peut en juger par cette lettre à Arlès :

« Paris, 26 mars 1844.

» Cher ami, je suis si absorbé par les difficultés intérieures de l'*Algérie* (qui sont d'ailleurs la cause des irrégularités d'envoi que vous me signalez), qu'il m'est impossible pour le moment d'écrire à Gustave, ce que je ferai certainement après solution algérienne.

» *Mon amour-propre*, il faut bien l'avouer, est même vivement pincé par cette affaire, et quoique je prenne cet amour-là d'un peu haut, je vous assure qu'il me paraît piquant, après avoir fait mon livre sur l'Algérie tout seul et à mes frais, après avoir entrepris un journal qui est mon *Producteur* de 1844, c'est-à-dire vingt ans après le premier, de me trouver le bec dans l'eau, ayant pour aides deux collègues de la commission et Jourdan, tout comme moi sans le sou, et nous faisant faire la loi ou mettre à la porte par trois ou quatre butors sans cervelle.

» Or, vous savez que sauf Jourdan, qui n'est pas capitaine comme Carette, ou chirurgien comme Warnier, ou Père Enfantin comme moi, la rédaction ne coûterait rien, c'est-à-dire que Carette, Warnier et moi, ne toucherions pas un sou, tant que les abonnés ne payeraient pas les frais; qu'ainsi les dépenses du journal se borneraient par an à 23,000 francs.

» Ce qui exige mille abonnés à 25 fr., commission comprise et sans compter le produit possible d'annonces.

» Eh bien, c'est cette bêtise-là, que je ne me sens pas en position de vaincre ! c'est piteux.

» L'autre jour, j'ai cru qu'il me suffirait de prendre quelques actions pour annuler l'influence de nos ennemis, et j'avais écrit à Isaac de m'envoyer ce qu'il pourrait me *donner* d'argent. De suite il m'a envoyé 300 francs, mais la combinaison a manqué.

» Sans qu'on ait fait la moindre chose pour avoir des abonnés, il y en a déjà deux cents, et ni princes, ni ministres, ni administrations n'ont été encore sollicités sur ce point, et les annonces ou réclames n'ont point été faites, et aucune correspondance n'a été entreprise dans ce but, le tout à cause de la situation précaire où nous plaçait notre lutte intérieure.

» Vous trouverez peut-être cette bagatelle assez pitoyable en face du chemin de fer de Lyon. Oh!

que non, vous savez bien, vous, que mon *Producteur* de 1844, ne saurait être une bagatelle. — Eh bien, alors arrivez donc vite pour votre chemin de fer, afin de m'aider à enlever cette pierre qui est sur mon rail.

» Il faut, selon moi, que le chemin de Lyon, du Nord et de Versailles, et de Chartres même, me fassent ce déblai; que vous et Péreire vous fassiez des actionnaires au Père Enfantin; que vous le *subventionniez*; le roi et Guizot ne l'ont pas compris, ou du moins la vieille culotte de peau Soult leur a dit que nous les flouerions, et ils ont cru le vieux floueur; je m'en félicite, car ce n'est pas ainsi que nous devions marcher en Algérie, nous nous serions inévitablement crottés dans cette boue, malgré notre propreté et en marchant sur la pointe du pied, ce qui fatigue.

» Votre rêve d'ermitage, de consultation de Talleyrand à Versailles ou Saint-Cloud, ou Passy, ou Meudon, est un rêve à la Béranger, et bon pour Béranger ou Lamennais, ou même Jean Reynaud. Ma place est, soyez-en sûr, dans l'Algérie, dans le monde nouveau.

» Péreire sort d'ici, et a lu ce qui précède, il vous attend pour mener à bonne fin, et en un tour de main, cette affaire.

» Et maintenant, d'ailleurs, qu'attendriez-vous encore pour arriver? Je vois à peine Tourneux, mais évidemment le moment est venu de reparaître, pour vous et Brosset. Il m'est évident que *si* vous étiez resté, la loi serait déjà présentée, et que si vous tardez à venir, vous auriez, quoiqu'elle parût, d'autres retards sur d'autres points, non-seulement à la chambre ou dans les bureaux des ministères, mais dans votre propre société de l'union qui est encore à l'état confus, et qui a grand besoin de votre présence organisatrice. — Imaginez-vous que Péreire m'a dit que le bruit public était que, si le ministre avait retardé la présentation de Lyon, c'est qu'il *attendait* que votre capital fût constitué, complété, assuré.

» Lamennais a dit à Béranger que la lettre sur le *maintenant*, lui paraissait ne pouvoir être que d'un prêtre, et que dans tous les cas il était du même avis que l'auteur. C'est Rodrigues qui a transmis à Barrault ce petit cancan.

» Nous reparlerons de Suez en causant de l'Algérie, car c'est une seule et même chose pour moi. Vous avez dû le penser d'après mes articles d'Égypte, d'Orient et Algérie, et vous le verrez encore, par le premier article du numéro d'aujourd'hui. L'Algérie est pour moi *Orient* et *Occi-*

dent, islamisme et *christianisme*. Voilà pourquoi c'est ma *place*. — P. ENFANTIN. »

La sollicitude d'Enfantin pour le succès de l'*Algérie* était si vive, qu'il n'omit rien de tout ce qui pouvait contribuer à faire réussir ce nouvel organe de sa pensée. Il se souvint alors de la profession de foi de l'ancien capitaine des zouaves, Lamoricière, devenu général, et il lui demanda son concours pour l'œuvre religieuse et nationale, dont il venait de se charger. La mémoire du disciple ne faillit pas plus, sans doute, que celle du maître, mais sa foi n'était pas également ferme et entraînante. Enfantin reçut la réponse suivante :

« Plaine des Angades, frontières du Maroc, le 2 juin 1844.

» Monsieur,

» Votre lettre est venue me trouver jusqu'ici et m'apprendre que vous étiez enfin parvenu à imprimer à la rédaction du journal l'*Algérie* une direction conforme à vos vues.

» Vous me demandez, par suite, de vous adresser ou de vous laisser fournir des documents sur la situation de la province dont le commandement m'est confié.

» Je n'ai qu'un mot à vous répondre : La presse telle qu'elle devrait être, telle que vous voulez la faire, la presse qui enseigne et qui éclaire, est une puissance très-réelle et qui doit infailliblement, par son influence sur l'opinion, obliger un jour ou l'autre le gouvernement à compter avec elle.

» Dès lors, vous le concevez tout naturellement, pour travailler à la presse, en la prenant même dans la plus haute acception du mot, il faut puiser ses renseignements, ses informations, ses données en un mot, ailleurs qu'aux sources officielles que l'on a entre les mains, par suite de la position politique, administrative et militaire que l'on tient du gouvernement.

Nemo potest inservire duobus.

» Il y a des principes dont on ne peut pas loyalement s'écarter. Voilà pour le sérieux ; mais vient le côté plaisant : c'est nous qui *décidons de l'opportunité des opérations, de la convenance des mesures;* de plus, c'est nous qui exécutons ; nous sommes les auteurs et les acteurs de la pièce, nous ne pouvons pas rédiger le feuilleton.

» Tout en vous refusant ma coopération, je fais des vœux sincères pour que vous parveniez à éclairer la question d'Afrique d'une lumière plus vive que celle qui lui a été départie dans le passé.

» Votre entreprise aura, je n'en doute pas, d'importants résultats ; mais vous serez, je le crois, dans la nécessité de venir fréquemment sur les lieux, pour y juger les choses, leurs mouvements, leurs tendances, et répandre ensuite sur le public la moisson que vous aurez faite; si vous prenez cette détermination, j'espère vous rencontrer encore sur la côte africaine.

. . . .

» En attendant, agréez l'assurance de mes sentiments affectueux.

» Le général DE LAMORICIÈRE. »

Enfantin, alors à Paris, répondit immédiatement :

« 26 juin 1844.

» Général,

» Je viens de recevoir la réponse que vous avez bien voulu me faire. Je devrais, d'après la première partie de votre lettre, m'excuser de vous avoir adressé dernièrement M. B..., qui se rend en Algérie pour y assurer notre correspondance et notre publicité ; mais la seconde partie de votre réponse me permet d'envisager la chose, comme vous l'avez fait, par son côté plaisant.

» Vous dites : « C'est nous qui décidons de l'opportunité des opérations, de la convenance des mesures; de plus, c'est *nous* qui exécutons; *nous* sommes les auteurs et les acteurs de la pièce. »

» Êtes-vous bien certain de la réalité en ces assertions ? Quant à moi, j'en doute fort. Mais quand il serait vrai que la presse n'est qu'un *juge*, comme le parterre d'un théâtre, vous savez bien que les auteurs habiles, de nos jours surtout, préparent le parterre, et je n'entends pas même parler ici des romains du lustre, des héros de la claque.

» Ah ! vous croyez que vous décidez de l'opportunité des opérations ; serait-ce comme Dupetit-Thouars, par exemple ? serait-ce comme le maréchal Clausel pour Constantine, ou comme nos ministres eux-mêmes pour les chemins de fer ? bien plus encore, serait-ce comme le roi pour l'union douanière belge ou pour la dotation Nemours ? Non ! vous ne décidez rien *seuls*, vous n'êtes pas seuls auteurs du drame politique, vous n'en êtes même pas les principaux acteurs.

» Dans la grande scène qui vient de s'ouvrir aux frontières du Maroc, n'y aura-t-il pas d'ailleurs mille ficelles des coulisses, mille machines ou machinations que vous ne verrez et ne remuerez pas vous-mêmes, et qui pourraient, à un moment que vous croirez sublime, troubler le spectacle, l'interrompre et même changer complétement les dispositions des spectateurs et même des acteurs, les vôtres peut-être ?

» *Nemo potest inservire duobus*, dites-vous

encore. Je ne comprends pas bien pourquoi vous supposez qu'il y a un duo là où il n'y a qu'un solo ou un tutti. Quand bien même il y aurait duo, encore serait-il désirable que les instruments fussent d'accord et qu'ils jouassent le même air, autant que possible dans le même ton et la même mesure, quoique l'un fasse la basse et l'autre le dessus.

» Vous vous trompez, d'ailleurs, si vous croyez que nous ne puisons pas nos données aux sources officielles. Ce qui ne veut pas dire que nous jugions toujours les choses comme on les juge en lieux officiels. Non-seulement il n'y a plus de mystères aujourd'hui, mais tous les hommes qui essayent d'en faire s'en trouvent mal, parce que cela n'est plus du goût de personne.

» Votre réponse tendrait à faire croire que vous avez compris dans ma demande une proposition très-inconvenante de trahison, et que j'avais l'absurde idée de vous arracher des secrets d'État. C'est, dans votre lettre, le côté que vous appelez sérieux, et cependant, pour moi, je vous assure que c'est le côté plaisant, car vous le terminez par : « Il y a des principes dont on ne peut pas loyale- » ment s'écarter. »

» Il était difficile de me dire plus clairement

que je vous faisais (je veux bien le croire, contre mes intentions,) une proposition déloyale. Vous-même certainement vous n'avez pas eu l'intention de répondre au second salut très-affectueux que je vous faisais par un reproche qui me serait pénible. Depuis la mort de Bigot et de Retouret, je ne me suis trouvé que deux fois en rapport avec vous et je ne portais avec moi pour vous que des souvenirs bien chers, grandis par la gloire que vous avez conquise. J'espère, dans notre troisième rencontre, être plus heureux que dans les deux premières, et faire un peu moins *duo* avec vous. Ce sera certes quand vous le voudrez, vous y trouverez toujours bien disposé votre tout dévoué.

» P. ENFANTIN. »

On sait comment Lamoricière a justifié cet espoir, qui était bien sincère dans Enfantin. En effet, ce novateur si radical dans ses théories, si plein de confiance dans leur réalisation *per secula*, selon son expression, si susceptible à l'endroit de l'intégrité de ses doctrines, se montrait d'ailleurs toujours prompt à se réjouir du moindre progrès qu'il croyait apercevoir dans les hommes et dans les choses, et sa bienveillance universelle, profondément religieuse, le portait à espérer des conservateurs eux-mêmes, nobles, prêtres ou bourgeois, sinon du *très-neuf* qu'il renvoyait après sa transformation, du moins quelque chose de mieux que le présent et des signes d'acheminement vers la pratique de ses idées. Le 31 août 1844, il écrivait à Arlès :

« Le moment est beau pour la politique. Ce que je vais vous dire va peut-être vous étonner, mais, vraiment, je crois que les chambres prochaines entendront quelques bonnes choses. Qui les dira? allez-vous penser. Ce ne sera ni Michel, ni Carnot, les anciens membres du collége; ce sera presque tout le monde même les plus chapons. Le moment dont parlait Saint-Simon approche, ce moment où *cela* prendrait comme la grippe, et où chacun tousserait et cracherait la vérité. »

Il est certain que le moment approchait où le vieux monde, tout en maintenant ses préventions primitives contre le saint-simonisme, alimentées par les facéties du *Figaro* et du *Charivari*, allait se trouver converti à son insu à la politique saint-simonienne, dégagée du dogme, ainsi que l'a constaté depuis le *journal des Débats*. C'est cette conversion intime, involontaire et contagieuse, qu'Enfantin entendait signaler en rappelant le mot de Saint-Simon. Quant au *très-neuf* de l'ordre moral et religieux, il s'en tenait à coup sûr à la prédiction de sa lettre à Arlès du 30 décembre 1843. Les espérances de l'apostolat saint-simonien à cet égard restaient ajournées à la transformation du prophète.

Aussi de son vivant, le prophète, sans cesser d'être avant tout religieux, voulut-il diriger les derniers efforts de sa puissante initiative vers cette partie du domaine divin où il pouvait se promettre une réalisation prochaine de ses vues doctrinales, pour l'amélioration matérielle de la classe la plus nombreuse et la plus pauvre. Les grandes entreprises industrielles fixèrent plus que jamais son attention. Il s'occupa activement de l'ouverture des grandes lignes de chemins de fer et du percement de l'isthme de Suez, et il attacha en même temps une importance particulière au concours de la presse périodique dans les œuvres à accomplir. En novembre 1844, il écrivait à Arlès :

« Tourneux étant heureusement placé sur Bordeaux, j'ai à vous parler de son remplaçant naturel, Alexis Barrault. Arrangez-vous pour opérer ce remplacement. Outre les mille raisons qui militent en sa faveur, en voici une que je vous recommande. Alexis est intimement lié avec Eugène Flachat; or, il paraît probable que Flachat sera l'homme de Charles Laffitte. — Tirez les conséquences. — Votre vieille boutique de l'année dernière *doit* être bousculée, enfoncée, culbutée, elle le mérite ; il faut donc être prêt à la bousculade pour retomber comme vous le devez, vous, messieurs les Lyonnais, sur vos pieds. Il paraît, dit complaisamment Ch. Laffitte, que ces messieurs de l'union n'ont pas grande envie de faire leurs affaires. Cela est de toute vérité ; il vous juge parfaitement en se moquant ainsi des chapons avec lesquels vous, vous Arlès ! vous êtes associé ! ! ! Et il faudra donc en venir à ce que vous savez si bien faire pour les autres. Alexis et Flachat pourront être fort utiles à la chose. — Pensez-y donc.

» Autre affaire importante. Quoique vos boutades contre *le Courrier* soient, comme toutes vos boutades, un peu exagérées, il y a du très-vrai au fond ; je le sens parfaitement et Barrault lui-même en a conscience, mais vos critiques tendent plus à zéro qu'au positif, vous voyez plutôt la mort que la transformation, le moyen actuel que le *but futur*. Vous ne comprenez pas assez ce que la massue de Barrault enfonce d'idées dans *la Réforme*, dans *le National* lui-même, combien elle maintient la démocratie, combien aussi elle pousse *le Constitutionnel* et *le Siècle* et même *les Débats* et *la Presse*. — Il n'en est pas moins vrai qu'il faut une évolution dans cette forme. Nous y songeons et vous allez voir que cela rentre un peu dans vos rêves. J'ai fait *le Globe* (théorie) par Michel ; il se pourra bien que je fasse *le Courrier* (pratique) par Barrault et..... Duveyrier !

» Les Boulé pensent sérieusement à baisser de 80 fr. à 48 fr. ; ce sera l'occasion d'une évolution dans l'esprit du journal. Nous pensons qu'il pourrait être alors ce que vous rêvez pour votre quotidien, c'est-à-dire en dehors et au-dessus des partis, des coteries, des niaiseries. — P. ENFANTIN. »

Le rêve du disciple, conforme à la pensée du maître, était donc de fonder un journal quotidien qui s'élevât au-dessus des aspirations discordantes et passagères des partis, pour les appeler tous sous le drapeau commun du classement selon le mérite et de la récompense selon les œuvres. Il fallait se faire *tout à tous*, comme autrefois le grand apôtre des chrétiens. C'est dans ce sens qu'Enfantin et ses disciples cherchèrent à pénétrer dans tous les camps, sans prendre la cocarde, les doctrines d'aucun, et en gardant fermement au contraire leur propre cocarde, leurs propres doctrines. C'est dans ce sens qu'Arlès avait fait de *bonnes visites* et écrit de bonnes lettres au duc d'Orléans pour appeler son attention sur la plaie du paupérisme, sur la nécessité d'*organiser le travail et de moraliser les barons de l'industrie et les serfs des ateliers*. Ce fut sous l'inspiration de la même foi, sous la protection du même principe, à titre d'apôtre saint-simonien, que Duveyrier [1], peu de temps après, sans passer sous le drapeau blanc, mit à profit son séjour à Londres, pour se faire présenter au duc de Bordeaux et pour lui lire, en présence de ses conseillers [2], une note qui établissait, d'une manière remarquable, la prédominance progressive des questions sociales sur les questions politiques.

« Depuis treize années, disait Duveyrier, une révolution s'est opérée dans les esprits, révolution dont l'auteur de cette note a été dernièrement à même d'apprécier la portée. Avant de quitter Paris, il a personnellement et très-longuement entretenu les rédacteurs en chef des principaux journaux

1. Duveyrier vient de mourir dans la plénitude de sa foi en Saint-Simon et à la vie éternelle. Gustave d'Eichthal lui a rendu ce témoignage sur sa tombe dans un discours qui attestait la puissante vitalité de la doctrine nouvelle. Arlès a prononcé aussi quelques mots pour reproduire les paroles mêmes de Duveyrier, à la mort d'Eugène Rodrigue, exprimant formellement la croyance de l'église saint-simonienne en l'immortalité.

2. On trouve en marge d'une copie de la note de Duveyrier le nom des plus nobles personnages attachés à la branche aînée des Bourbons, qui assistèrent à la lecture de l'apôtre saint-simonien; ce sont MM. les ducs d'Escars, de Lévis et de Valmy le comte de Biencourt, Villaret-Joyeuse et de Larcy.

(*les Débats, la Presse, le Siècle, le Courrier français, la Démocratie pacifique, le National, la France, la Quotidienne, la Gazette*), tous, à l'exception de M. de Genoude, sont d'accord pour reconnaître que les questions politiques excitent de moins en moins d'intérêt, et qu'à leur place d'autres questions d'un caractère purement social ont seules le privilége de préoccuper et de passionner les masses. »

Duveyrier concluait de là que le prince, tout en respectant la légalité alors établie en France, s'il sortait de sa position expectante et passive, pour se faire connaître par une manifestation personnelle, devait se prononcer formellement en faveur des AMÉLIORATIONS SOCIALES plutôt que pour les *réformes politiques.* Si la destinée du prince était de mourir en exil, cette déclaration suffirait néanmoins pour lui assurer une place dans l'histoire. « Quelque partie de l'Europe que le prince habite, ajoutait Duveyrier, *il vit dans la société moderne*, et non *dehors* ; il trouve partout les mœurs, les conditions, les rapports nouveaux introduits par la charité chrétienne, il trouve aussi la même plaie, le *paupérisme* [1]. Sous des nuances diverses, l'Au-

1. Un autre prince, également frappé d'exil perpétuel et alors prisonnier, s'occupait sérieusement de ce problème avec la ré-

triche, l'Italie, la Prusse, l'Angleterre, la France, offrent le même problème à résoudre et par le même moyen; ce problème est celui de l'amélioration morale, intellectuelle et physique des classes les plus nombreuses et les plus misérables.»

Cet acte d'apostolat princier n'exerça pas sans doute plus d'influence sur le duc de Bordeaux que les lettres d'Enfantin et d'Arlès n'en avaient exercé sur le duc d'Orléans. Mais du moins, rien ne fit penser qu'on se fût mépris à la cour de Belgrawe-Square sur le caractère purement apostolique de la démarche de Duveyrier, et il ne paraît pas qu'on eût songé à faire de lui un *sous-préfet*, en cas d'une nouvelle restauration.

XLI

(1845)

(Janvier-Juin.)

Nous avons dit qu'Enfantin, au milieu de ses vastes préoccupations industrielles, restait RELI-

solution bien arrêtée de s'appliquer à le résoudre si les destins devaient lui être plus favorables qu'aux proscrits de la maison de Bourbon. Mais ce prince n'était pas d'origine féodale; il sortait des flancs de la révolution française et fondait ses prétentions sur la tradition populaire. Son livre sur l'*Extinction du paupérisme* fut l'un de ses meilleurs titres à la confiance et au suffrage des classes les plus nombreuses et les plus pauvres.

GIEUX avant tout. Il avait écrit, en effet, ses lettres philosophiques et religieuses à MM. Guizot, Michelet, Quinet, Albert Duboys etc., pendant qu'il méditait la formation de la société du canal de Suez et des compagnies des voies ferrées. Il désira publier ces lettres, mais il crut devoir les communiquer auparavant à quelques-uns de ses disciples dont il voulait connaître les diverses impressions. L'un d'eux se chargea de lui donner cette satisfaction par la lettre suivante :

« Cher père,

» Conformément au désir que tu nous avais témoigné, nous nous sommes réunis, Guéroult, T. Hadot, Bruneau et moi, pour relire ensemble et avec suite les lettres à MM. Guizot, Edgar Quinet, comte Bobrinski et Michelet, puis les huit lettres adressées *à un catholique*.

» Cette lecture a occupé cinq séances (4, 7, 9, 12 et 14 avril dernier). Carette a assisté aux deux dernières. L'ensemble de ces lettres a donné lieu à diverses appréciations que je vais résumer.

» Cette lecture n'a pas été faite dans l'ordre chronologique. Les quatre lettres à MM. Guizot, Quinet, Bobrinski et Michelet, écrites vers la fin de 1844 et dans les premiers mois de 1845, ont été lues avant celles adressées à un *catholique* pendant les mois de mars, avril, mai et juin 1843.

» Dès les premières pages de la lettre à M. Guizot, Guéroult (qui se plaçait à tort au point de vue de la publication immédiate et populaire d'une œuvre qui par sa nature et sa portée ne s'adresse évidemment qu'à un petit nombre d'esprits distingués) Guéroult, dis-je, a, dès le principe, signalé une tendance métaphysique, une résurrection de la dialectique saint-simonienne qui lui paraissaient au moins inutiles, sinon dangereuses.

» Cette objection n'a pas cessé de se faire jour pendant nos lectures sous mille formes. « Il me semble que je suis encore à la rue Monsigny, s'écriait souvent Guéroult, et je ne sens rien d'actuel là-dedans. »

» L'opinion généralement exprimée était que ces lettres semblaient écrites en dehors du monde par un esprit vigoureux, par un grand cœur, mais avec une forme trop savante pour toucher l'âme du peuple, trop élevée pour frapper l'intelligence de la bourgeoisie.

» Une objection grave a été faite. On a signalé une contradiction qui ne manquerait pas de choquer le lecteur. La lettre à Michelet dit nettement qu'il faut attaquer le dogme, qu'il faut faire mieux que le prêtre pour diriger la *femme* et la *famille*. Les lettres à un *catholique*, au contraire, se placent constamment sur le terrain du catholicisme et posent nettement l'impossibilité de rien faire en dehors de ce terrain, et sans l'initiative ou le concours de l'Eglise.

» A laquelle de ces deux idées devra-t-on s'arrêter?

» La première, celle qui consiste à se poser en face du dogme chrétien avec le désir de le modifier, de l'assouplir aux exigences des sociétés modernes, réunissait le plus de sympathies. C'était continuer le saint-simonisme, reconnaître et honorer son passé, préparer son avenir. C'était dire hardiment, noblement : « Voilà ce que nous étions, voilà ce que nous sommes encore ; notre position est nette, voilà notre drapeau ; qui nous aime nous suive ! »

» La seconde idée : se faire catholique avec les catholiques, reconnaître que rien n'est possible en dehors de l'Église, qu'elle seule a la force et la sagesse, etc., cette idée paraissait de nature à froisser les opinions de la grande masse des lecteurs ; c'était enlever au saint-simonisme tous les hommes qui lui furent sympathiques dans le libéralisme et faire d'inutiles avances au clergé qui n'en ferait pas un pas de plus dans la voie où on veut l'engager.

» Tel est le résumé très-concis de l'opinion et des sentiments qui ont été le plus généralement exprimés pendant cette lecture. Sans doute des contradictions de cette nature, en un si haut et si important sujet, seraient défavorables aux idées aussi bien qu'à l'écrivain, si elles étaient signalées dans un travail continu, écrit sous une même inspiration, ne se proposant qu'un but nettement défini.

» Mais je songe et j'ai dit à mes amis, que cette forme de lettres adressées à un catholique, expliquait et justifiait plus facilement le *tout à tous* de saint Paul, et qu'il serait moins choquant que nous ne le pensons peut-être, de voir le Père Enfantin se placer sur le terrain de l'Église et devenir presque un *fidèle*, alors qu'il s'adresse à un catholique avec l'espoir de le *convertir* aux progrès que le catholicisme peut réaliser.

» Ton fils, — L. JOURDAN. »

Jourdan interprétait bien la pensée du maître qui la manifestera de plus en plus dans ses écrits subséquents.

Enfantin, en rentrant dans le monde, n'avait

rien abandonné des hautes facultés morales qui l'avaient fait accepter pour chef suprême et qui avaient donné à sa primauté un caractère tout à fait paternel. Comme au temps où il commençait son ministère religieux auprès des femmes que de grandes afflictions entraînaient à désespérer, il continuait ce ministère consolateur, dont il s'était chargé autrefois à l'égard de Mme Thorombert et de Mme Vandermark. En 1845, l'occasion se présenta pour lui de porter l'aide de sa suprême parole à une de ces affligées dont l'âme n'est plus ouverte qu'au désespoir. C'était une jeune et belle femme dont le mari occupait un siége important dans la magistrature. Elle avait été mise en rapport avec le *Père* des saint-simoniens; Enfantin lui adressa de paternels encouragements dans la lettre suivante :

« Paris, 16 juin 1845.

« Si je pouvais vous écrire longuement, pauvre et chère souffrante, je le ferais bien en réponse à votre lettre où vous avez le front de me dire encore, de me répéter deux ou trois fois : je ne puis être utile à qui que ce soit. — Mieux vaut mourir que vivre sans pouvoir être utile. Comment, c'est à moi que vous dites cela ! Comment, vous avez peut-être cru que c'était moi qui vous avais été utile à Paris, et que vous ne m'aviez servi de rien ! Ah ! femme que vous êtes, vous ne croyez plus rien donner parce qu'au lieu d'être reine vous êtes martyre ; comme vous connaissez peu l'homme, le véritable homme. . . . .

» C'est bien dommage que je ne puisse pas vous dire que ma foi bronche et faiblisse de temps à autre et que j'étais dans un de ces mauvais moments lorsque vous êtes venue à moi. Vous ne me croiriez pas et vous auriez raison ; mais est-ce que vous n'avez pas senti que cette foi qui est ma vie, qui est moi, qui est forte comme je suis fort, s'était confirmée, agrandie, embellie, en vous touchant, pauvre reine martyre, en récitant au fond de mon cœur : *Vide pedes, vide manus, vide Thomas, vide latus*, en vous contemplant sur votre croix.

» Le grand maître de bonté qui tous les jours donnait, donnait aux petits comme aux grands, aux femmes comme aux hommes, qui leur donnait *sa vie;* ce grand maître, dans une nuit, sur la montagne, tandis que Pierre et les apôtres dormaient, lui il pleurait, il s'écriait : *Mon Père! Pourquoi m'avez-vous abandonné?* Sa passion commençait ; elle n'a pas duré longtemps ; eh ! bien, ces quelques jours sont autant de fois mille siècles; cette vie de trois jours de douleur fut donnée au monde avec une abondance, une générosité incomparablement plus précieuses que tous ces dons continuels, que ce pain quotidien qu'il répandait en tous lieux à toute heure, ces trois jours d'agonie, c'est la vie de douleur de l'humanité tout entière.

» Qu'avez vous donc fait, chère femme, durant toute cette vie, jeune, joyeuse, belle, que vous puissiez mettre en regard de ces quelques instants que vous m'avez donnés? Quelles sont les grandes, les généreuses pensées, que votre sourire, votre esprit et vos grâces ont fait naître, qui valent celles qui me sont nées de vos larmes, de vos souffrances, de votre *Passion?*

» Et qui donc a obtenu de vous, aux grands jours de votre royauté, par l'amour le plus empressé, par une persévérante dévotion à vos volontés, à vos caprices, ce que vous m'avez donné à première vue, une confiance sans bornes? Et vous croyez ne m'avoir rien donné!

» Quelle que soit la volonté de Dieu sur vous, et le nombre des jours qu'il vous a destinés pour fermer, pour sceller cet anneau de votre vie éternelle que vous appelez votre vie, vous *pouvez* plus, pour les autres et pour vous-même, durant cette douloureuse phase de vie qui vous est laissée, que pendant cette jeune vie, pleine de santé, de beauté, que vous avez déjà menée parmi les hommes. Est-ce que vous ne savez pas que la *puissance* est au *cœur*? Est-ce que vous la croyez logée dans ce vif et charmant esprit, ou dans cette forme plus charmante encore, qui vous attirèrent, j'en suis bien sûr, plus de douleurs profondes que de vrai bonheur? Encore une fois, où donc Jésus fut-il le plus *puissant*, si ce n'est sur la croix!

» Vous allez me trouver bien chrétien, c'est qu'en effet, je le suis bien plus qu'on ne pense; mais, je suis en outre quelque chose de plus et par dessus le marché; et c'est ce quelque chose qui fait que vous êtes venue à moi, que je vous ai accueillie comme je l'ai fait, que je vous écris ce que je vous écris. — Ce quelque chose, voulez-vous le savoir? Le voici :

» Vous rappelez-vous, comme les anges rebelles étaient beaux, combien ils étaient marqués du sceau de la divinité. Eh bien! les chrétiens nous disent qu'ils ont été punis de leur prodigieux orgueil, de leur foi en eux, de leur insolente grandeur, de cette grandeur éclipsant toutes les grandeurs humaines, et prétendant dominer celle de

Dieu même. Les chrétiens font eux-mêmes comme ils croient que leur Dieu a fait; ils foudroient ces beaux et orgueilleux anges. — Moi, je les aime, je les adore, ce sont aussi et toujours des anges, pour moi, surtout lorsqu'ils sont déjà frappés par la foudre des hommes; ce sont des anges pour moi, parce que je sais que pour Dieu aussi, ce sont toujours des anges.

» Quand vous êtes entrée chez moi, cher ange, foudroyée, brisée, foulée, n'avez-vous pas vu que c'était cela que j'avais dans l'âme? Est-ce que vous ne m'avez pas entendu dire tout bas : Mon Dieu! c'est donc ainsi qu'*ils* traitent vos anges; voici la vie qu'ils leur font sur la terre, et ils appellent cela une *société*. Mais aussi, mon Dieu, vous leur donnerez, pour le bonheur de cette triste terre et de cette triste société, vous donnerez et vous leur donnez à toute heure, une autre vie, une vie meilleure, car c'est d'eux surtout que vous vous servez pour conduire, pour entraîner l'humanité vers vous.

» Oui, ce jour-là même, qui s'ajoutait à votre vie aussi bien qu'à la mienne, et qui nous acheminait ainsi, l'un et l'autre, d'un pas vers la mort, ce jour-là, vous et moi, nous recevions pourtant de de Dieu une étincelle de vie *nouvelle*, de vie meilleure et plus grande, quelle que soit la durée de celle qui nous reste à parcourir sous une forme qui s'use pour faire place à une forme nouvelle. Depuis ce jour, quelque soit l'état de ce pauvre corps souffrant, quelles que soient les défaillances de votre esprit agité, vous avez dans l'âme plus de *vie réelle* que vous n'en avez jamais eu; vous avez le germe de cette vie qui traverse la mort, la vie des anges de Dieu qui savent à quoi ils servent sur la terre, pourquoi ils y sont, pourquoi ils y souffrent, pourquoi ils doivent être *toujours, toujours* BRAVES.

» Répandez donc cette vie autour de vous; je vous dis que vous avez à donner plus que vous n'avez jamais donné; que vous ferez plus de bien que vous n'en avez jamais fait; que vous n'avez au contraire presque plus rien à recevoir, à prendre, ou plutôt que vous pouvez tout conquérir; car vous devez croire, sur ma *foi*, sur celle des hommes bons qui vous aiment, que le Dieu de bonté est en vous, en vous qui aviez reçu si largement les dons de son *intelligence* et de sa *beauté*.

» Laissez, laissez partir ces deux témoins de sa grâce pour vous; mais que cette grâce suprême vous reste et grandisse, montrant à tous qu'elle sait bien se passer de ces deux symboles, l'*esprit* et la *chair*, parce qu'elle est elle-même la vie, *Dieu en nous*.

» Voyez, je croyais n'avoir pas le temps de vous écrire une page, en voici quatre grandes; vous voyez bien que vous forcez la volonté.

» P. ENFANTIN. »

FIN DU ONZIÈME VOLUME

Imp. L. Toinon et Cie, Saint-Germain.

www.ingramcontent.com/pod-product-compliance
Ingram Content Group UK Ltd.
Pitfield, Milton Keynes, MK11 3LW, UK
UKHW012207240726
13966UKWH00002B/619

9 782012 464865